Stratego 9

Übungen zum Rechtschreiben

Erarbeitet von:
Roland Henke
Prof. Dr. Wolfgang Menzel
Ingrid Rinke

Illustriert von:
Julia Kaergel

westermann

Liebe Schülerin, lieber Schüler,

mit diesem Arbeitsheft kannst du deine Rechtschreibung trainieren. Um dir den Einstieg zu erleichtern, sind die Seiten dieses Heftes für dich in Blöcke zusammengefasst. In einem Block wird immer nur ein Rechtschreibproblem gezielt behandelt. Du kannst selbst entscheiden, mit welchem Block du anfängst.
Innerhalb eines Blockes solltest du mit der ersten Seite beginnen, denn sie ist am einfachsten zu bearbeiten. Die meisten Seiten haben am Anfang einen Merkkasten. Wenn du diesen aufmerksam durchliest, weißt du alles, um die Aufgaben erfolgreich zu lösen – vielleicht sogar die Aufgaben für Profis. Diese erkennst du an der Glühbirne. Sie sind schwerer als die übrigen Aufgaben. Zum Überprüfen der gelösten Aufgaben stehen dir ein Lösungsblatt und eine Wörterliste zur Verfügung. Ein aufgeschlagenes Buch ist ein Hinweis auf die Wörterliste, die du auf Seite 4 im Lösungsblatt findest.

Jeder Block endet mit einer Übungsseite und einer *Überprüfe dich selbst-Seite*, auf der du dein Rechtschreib-Wissen testen kannst. Bei dem Test gehst du am besten so vor: Löse zuerst alle Aufgaben. Einige davon sind ganz schön knifflig! Überprüfe dann mithilfe des Lösungsblattes, ob du alle Aufgaben richtig beantwortet hast. Setze für jede richtig gelöste Aufgabe einen Haken in den Kringel. Je mehr Haken du setzen kannst, desto besser!

Viel Erfolg!

Druck A[7] / Jahr 2025
Alle Drucke der Serie A sind im Unterricht parallel verwendbar.

Die Seiten dieses Produkts bestehen zu 100 % aus Altpapier.

Damit tragen wir dazu bei, dass Wald geschützt wird, Ressourcen geschont werden und der Einsatz von Chemikalien reduziert wird. Die Produktion eines Klassensatzes unserer Arbeitshefte aus reinem Altpapier spart durchschnittlich 12 Kilogramm Holz und 178 Liter Wasser, sie vermeidet 7 Kilogramm Abfall und reduziert den Ausstoß von Kohlendioxid im Vergleich zu einem Klassensatz aus Frischfaserpapier. Unser Recyclingpapier ist nach den Richtlinien des Blauen Engels zertifiziert.

Redaktion: Matthias Schneider
Bildquellen: |Getty Images, München: RichLegg Titel.
Illustrationen: Julia Kaergel, Dersau
Umschlaggestaltung und typografisches Konzept: LIO Design, Braunschweig
Satz: Ruhrstadt Medien AG, Castrop-Rauxel
Druck und Bindung: Westermann Druck GmbH, Georg-Westermann-Allee 66, 38104 Braunschweig

ISBN 978-3-14-**124069**-6

Inhaltsverzeichnis

Was kann ich schon?

1 In dieser Aufgabe kannst du überprüfen, wie sicher du in der Silbentrennung bist. Schreibe die Wörter mit Silbentrennungsstrichen auf. Bei einem Wort gibt es zwei Lösungen.

verlockend ______________________ faustgroß ______________________

phantastisch ______________________ herumtreiben ______________________

pusten ______________________ Mondfinsternis ______________________

Seilartist ______________________ vertuschen ______________________

Unterricht ______________________ Uran ______________________

2 Setze die Zeichen der wörtlichen Rede.

Treffen sich ein Thunfisch und ein Walfisch zum Spielen. Was , fragt der Walfisch, sollen wir tun, Fisch? Du hast die Wahl, Fisch , antwortet der Thunfisch.

3 Setze die fehlenden Kommas.

Wenn der Mond auf seiner Umlaufbahn in den Erdschatten eintaucht verdunkelt er sich. Man sieht ihn aber trotzdem am Himmel denn er verfärbt sich rötlich-braun. Das passiert weil das Licht der Sonne von der Atmosphäre der Erde gefiltert wird. Das ist die Gashülle die unseren Planeten umgibt. Manche Leute nennen so einen rötlichen Mond auch Blutmond. Und wenn er dann auch noch sehr groß ist weil er sehr nah an der Erde steht dann spricht man von einer ganz besonderen Mondfinsternis.

4 Zusammen oder getrennt? Streiche die falsche Schreibweise durch.

Beim Verhandeln muss man sich oft entgegen kommen/entgegenkommen.
Sie musste die Vokabeln für den Unterricht auswendiglernen/auswendig lernen.
Beim Radfahren/Rad fahren hatte er sich verletzt.
Sie hätte das ausgeliehene Buch gerne wieder bekommen/wiederbekommen.

5 Groß oder klein? Streiche die falschen Wörter durch.

Sie hatte die Aufgabe im Wesentlichen/ wesentlichen verstanden.
Erst gegen Morgen/morgen fand er in den Schlaf.
Weil sie noch Zeit/zeit hatten, machten sie noch einen kleinen Umweg.
Er wurde für sein sparen/Sparen mit einem Gutschein belohnt.
Sie traute sich vor lauter angst/Angst nicht zu Springen/springen.

6 Wenn du zu den Rechtschreibproblemen dieser Seite weiter üben möchtest, kannst du das auf der Seite 33 (Aufgabe **1**), auf den Seiten 44-46 (Aufgabe **2**), auf den Seiten 34-43 (Aufgabe **3**), auf den Seiten 22-29 (Aufgabe **4**) und auf den Seiten 16-20 (Aufgabe **5**).

Fehler erkennen

1 Lies den Text durch und unterkringele die Fehler, die dir auffallen.

Neue Wirkstoffe aus dem Meer

Ein Gewebekleber, der mit Extrakten von Miesmuscheln
hergestellt wurde, verspricht völlig neue Moglichkeiten
in der Medizien. Wissenschaftler selektierten die Substanz,
mit deren Hilfe sich die Muscheln auf Unterlagen wie Holz
extrem fest setzen können.
Vernezt mit einem Enzym, das mit gentechnisch
veränderten Mikrorganismen hergestellt wird,
entstand ein Gewebekleber, mit dem kleinste
Knochenschplitter wieder angesetzt werden könnten.
Das ware für die Wundbehandlung eine spektakuläre
Erkenntnis. In Tiereexperimenten bedeckten Forscher
eine blutene Wunde an der Leber eines Meerschweinchens
mit einer Foliie aus Zellstoff, die zuvor mit einem
Granulat des neuen Wirkstoffs Getränkt worden war.
Die Wunde schloss sich nach sehr kurzer Zeit. Ein
sensationelles Forschungsergebnis!

2 Finde beim erneuten, genaueren Lesen alle 11 Fehler und schreibe die Wörter korrigiert neben dem Text auf.

3 Markiere in dem Text mindestens 6 Fremdwörter und schreibe sie nach dem Alphabet geordnet auf.

Strategien anwenden 1

Mit Hilfe von Strategien kannst du die Schreibung eines Wortes selbstständig ermitteln:

1. Schreibmöglichkeiten erproben
2. Eine verwandte Wortform bilden
3. Eine Regel anwenden
4. Im Wörterbuch nachschlagen

1 In den Beispielsätzen gibt es jeweils eine Unsicherheitsstelle.
Wende an den Wörtern die vier Strategien an, um zur richtigen Schreibung zu gelangen.

Sie vertrat ihre Ansicht mit to?ernstem Gesicht.
Draußen war es so nebeli?, dass man nichts mehr sehen konnte.
Er schä?mte sich, die Wahrheit zu sagen.

1. Schreibe zunächst einmal die beiden Möglichkeiten auf, in denen das Wort geschrieben werden könnte.

Ich stelle mir vor, dass man das Wort so oder so schreiben könnte:

to?ernst:	nebeli?:	schä?mte:
___	___	___
___	___	___

2. Suche verwandte Wörter: Plural, Wörter einer anderen Wortart, ein längeres oder kürzeres Wort, das zu dieser Wortfamilie gehört.

to?ernst:	nebeli?:	schä?mte:
___	___	___
___	___	___

3. Notiere eine Rechtschreibregel, an die du dich erinnerst oder die du gefunden hast.

Das Wort schreibt man so:	Das Wort schreibt man so:	Das Wort schreibt man so:
___,	___,	___,
weil ___	weil ___	weil ___
___	___	___

4. Schlage das Wort im Wörterbuch (oder der Wörterliste) nach.

Ich habe das Wort nachgeschlagen. Und so wird es geschrieben:

___ ___ ___

Strategien anwenden 2

Eine Na?t seiner Jeans war aufgeplatzt.
Igel sind beim Überqueren der Straßen gef?hrdet.
Der Junge hatte ein etwas blä?liches Gesicht.

1 Nutze die Strategien von Seite 6 auch bei diesen Wörtern.

1. Ich stelle mir vor, dass man das Wort so oder so schreiben könnte:

Na?t:	gef?hrdet:	blä?lich:
______	______	______
______	______	______

2. Ich finde zu diesem Wort folgende verwandte Wörter:

Na?t:	gef?hrdet:	blä?lich:
______	______	______
______	______	______

3. Ich erinnere mich an folgende Rechtschreibregel:

Das Wort Na?t schreibt man so:	Das Wort gef?hrdet schreibt man so:	Das Wort blä?lich schreibt man so:
______,	______,	______,
weil ______	weil ______	weil ______
______	______	______
______	______	______
______	______	______

4. Ich habe das Wort im Wörterbuch (in der Wörterliste) gefunden. Es wird im ganzen Satz so geschrieben:

Eine ______	Igel sind beim Überqueren ______	Der Junge ______
______	______	______
______	______	______

Fehler berichtigen und daraus lernen

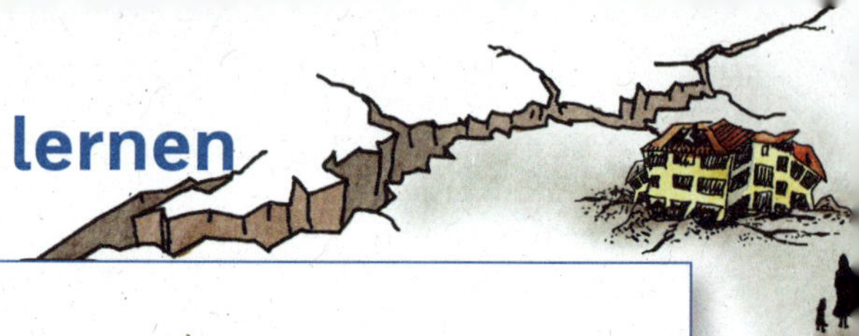

Die Erdbebenhauptstadt der Welt

Im Südosten von San Franzisco liegt die Stadt Hollister, die sich mit stolz die 1
Erdbebenhauptstadt der Welt nennt. Hollister liegt in einer Verwärfungsspalte, in 1
der Spannungen im Erdinneren jährlich mehrere hundert Male zu Erdstößen führen.
Dadurch können Risse in der Erdoberfleche, in Straßen und Gebeuden entstehen. Die 2
Einwohner haben gelernt, mit den tagtäglich auftretenden kleineren und größeren
Erschütterungen zu leben. Wenn ein beben mit der stärke 5 auf der Erdbebenskala die 2
Erde schwanken lässt und sich lange Erdspalten auftun, besteht die angst vor einer 1
erneuten katastrophe. Doch die meisten Leute hoffen, dass die Spannungen in der 1
Verwärfung durch die vielen kleinen beben stendig abgebaut werden. 3

Aus Fehlern kann man lernen! Das setzt voraus, dass man über die gemachten Fehler nachdenkt. Wie eine lernwirksame Berichtigung aussieht, erfährst du in den folgenden Aufgaben.

1 Unterkringele im Text die fehlerhaften Wörter. Die Zahlen am Ende der Zeilen weisen auf die Anzahl der Fehler hin.

2 Schau dir nun die Fehler etwas genauer an. Kreuze an, in welchen beiden Bereichen die Fehler auftreten.

- [ ] Wörter mit *h*
- [ ] Zusammen- und Getrenntschreibung
- [ ] Groß- und Kleinschreibung
- [ ] *e* oder *ä*
- [ ] *s*-Laute
- [ ] Kommasetzung

3 Alle Fehler zu berichtigen, ist nicht sinnvoll. Dabei kann man nichts lernen. Wähle dir deshalb einen der Fehlerschwerpunkte für die Berichtigung aus.

Fehler in der Groß-und Kleinschreibung berichtigst du am besten in Wortgruppen (z. B. *mit Stolz*). Für die Berichtigung der anderen Fehler hilft dir vor allem das Finden von Ableitungen. Fehler, die mehrfach auftreten, brauchst du nur einmal zu berichtigen.

Fehler finden und darüber nachdenken

1 Lies den folgenden Text und markiere die Fehler. Es sind insgesamt 12. Schau im Lösungsblatt nach, wenn du unsicher bist.

Rücksicht auf Nichtraucher

Zahlreiche Wissenschaftler haben nachgewiesen, dass auch Nichtraucher beim mitrauchen Gesundheitsscheden davontragen können. Das recht der Raucher auf ungestörten Rauchgenuss endet also entsprechent dem Gruntgesetz beim „Recht auf körperliche Unversehrtheit". Der Nichtraucher hat ein Anrecht darauf, dass seine gesundheit nicht durch rauchen gefehrdet wird. In öffentlichen Reumen ist darum das Rauchen nicht erlaupt. Am Arbeitsplatz, in Gaststätten, auf Bahnhöfen, im Kino und an vielen anderen Orten gilt ein strenges rauchverbot. Häufig sind jedoch spezielle Raucherecken oder Raucherzimmer vorgesehen. In privaten Räumlichkeiten allerdings bedarf es noch guter absprachen, damit sich niemand durch störenden Tabaksqualm belästigt fühlt.

2 Häufig kannst du durch Nachdenken oder durch das Anwenden einer Strategie Fehler verhindern. Zur Vermeidung der Fehler dieses Textes wäre es sinnvoll gewesen, die beiden folgenden Strategien anzuwenden. Trage die berichtigten Fehlerwörter an der zutreffenden Stelle ein.

Schreibe die Nomen mit Signalwort auf (Artikel, versteckter Artikel bei Präpositionen, Pronomen, Präposition, Adjektiv):

____

____

Schreibe zu dem berichtigten Fehlerwort mindestens eine Ableitungsform aus der Wortfamilie hinzu. Auch Verlängerungsformen sind möglich:

____

____

____

Wörter mit und ohne Bindestrich schreiben

1 Finde die 15 Wörter der Wörterschlange heraus und trenne sie durch einen senkrechten Strich.

COMEBACKDREAMTEAMPLAYBACKBLACKOUTCOUCHPOTATOFEEDBACK
COUNTDOWNCARSHARINGKNOCKOUTSHOPPINGCENTERSTANDBY
TAKEAWAYSHOWDOWNJOBCENTERCASTINGSHOW

2 Schreibe die gefundenen Wörter auf.

Comeback, ____

3 Alle diese Wörter kannst du auch mit Bindestrich schreiben.
Dabei wird das zweite Wort großgeschrieben, wenn es ein Nomen ist.

zweites Wort großgeschrieben: ________________________________

zweites Wort kleingeschrieben: ________________________________

4 Kontrolliere die richtige Schreibung in der Wörterliste. Im Wörterbuch findest du Worterklärungen für Wörter, die dir unbekannt sind.

5 Wortzusammensetzungen mit drei gleichen Vokalen oder Konsonanten kann man mit Bindestrich schreiben. Bei welchen Wortzusammensetzungen wird diese Bedingung erfüllt? Schreibe sie auf. Achte auf die Großschreibung des zweiten Wortes (Nomen).

Strafprozessordnung Dämmmatte Werkstoffforschung Tischtennisplatte
Seeelefant Vorschusszahlung Stresssituation Stammmannschaft
Schritttempo Falllinie

Fremdwörter verstehen, zuordnen, schreiben

1 Fülle die Textlücken mit den passenden Fremdwörtern. Schlage dir unbekannte Wörter im Wörterbuch nach.

Standardausrede blamieren riskieren originellen Affäre salonfähig sexuelle Imponiergehabe provozierend Uferpromenade Club Laserstrahlen präsentieren abgecheckt

Mädels – macht mobil!

Da möchte man mit seinen Freundinnen einen Sommerabend an der ________________ genießen, und schon wird man von jungen Männern mit Blicken ________________ und angequatscht! Diese Jungen ________________ sich auf diese Art und Weise sehr schlecht und ________________ sich außerdem noch. Da ihre Anmache nichts anderes als ________________ ist, ________________ sie oft eine Abfuhr. Auch abends im ________________ wird jungen Frauen einiges zugemutet. Es werden ________________ auf sie gerichtet, die bevorzugt an bestimmten Stellen stehen bleiben. Das ist ________________ Belästigung, die in den letzten Jahren ________________ wurde. Stellt man den Täter zur Rede, kommt die ________________: „Sie war ________________ angezogen." Und so zieht er sich aus der ________________. Gibt es denn keine ________________ Anmachen, die ein Mädchenherz zum Schmelzen bringen?

2 Finde die Fremdwörter durch Verschieben der Lücken heraus und schreibe sie auf. Beachte die Groß- und Kleinschreibung.

SALON/AF FÄRESEX UELLPRÄSENT IERENO RIGI NELLPRO MENADERISK IERENIMPO NIEREN PROVO ZIERENLAS ERBLA MIERENSTAN DARDCHEC KENCLUB

____

____

____

____

Fehler finden – Fehler zuordnen

1 Unterkringele in dem Text die neun Wortfehler. Ein Wort ist dreimal falsch!

Siamesische Zwillinge

Eine riskante Operazion zur Trennung von siamesischen Zwillingen, die am Kopf zusammengewachsen waren, ist am Dienstag in Südafrika ohne Komplikazionen perfeckt verlaufen. Die beiden fast 17 Monate alten Mädchen, deren Köpfe hinter den Ohren zusammengewachsen waren, hatten getrennte Gehirne. Sie hatten aber mehrere lebenswichtige Blutgefäße gemeinsam, die bei zwei vorangegangenen Operazionen getrennt worden waren. Bei der Vorbereitung der Operazion standen die Ärzte in direcktem Kontackt mit der Klinick in Baltimore. Dort waren einige Jahre zuvor Zwillinge erfolgreich getrennt worden. Gratulazion an die behandelnden Ärzte!

2 Schreibe die Fehlerwörter richtig auf. Beachte dabei die beiden Fehlerschwerpunkte. Schlage im Zweifelsfall in der Wörterliste nach.

Wörter auf ***-tion***:

____

Wörter mit ***k***:

____

3 Wenn du aus den Fehlern lernen willst, müsstest du Wörter üben, die auf ***-tion*** enden. Schreibe einige Wörter, die dir einfallen, dazu auf.

Produktion, Auktion, ...

____

4 Du müsstest außerdem Wörter üben, die mit ***k*** geschrieben werden. Das ist nicht so einfach, weil es auch Wörter gibt, die mit ***ck*** geschrieben werden.
Das musst du wissen: In Fremdwörtern gibt es kein ***ck***! Schreibe Fremdwörter mit ***k*** auf, die dir dazu einfallen.

Hektik, defekt, Infektion, ...

____

____

Fremdwörter üben 1

Pullover	Track	Fleecejacke	Trainer
Saxofon	Prozessor	Display	Design
Stretchjeans	Show	Rap	Boots
Dokument	Ski	Doping	Champion
Desktop	Synthesizer	Sneaker	Installation
Skating	Jogging	Rhythmus	Kapuze
Keyboard	Layout	Shop	Leichtathletik
Monitor	System	Musical	Olympiade
Orchester	Symbolleiste	Outfit	Shirt

Üben bedeutet: häufiges Wiederholen von kleinen Portionen.
Die folgenden Aufgaben zeigen dir, wie das geht.

1 Schreibe die Wörter aus der obigen Liste nach vier Bereichen geordnet auf.

Musik: Saxofon, ___

Bekleidung: Pullover, ___

Computer: Display, ___

Sport: Motocross, ___

2 Schreibe Wörter mit gemeinsamen Merkmalen aus der obigen Liste heraus.

Wörter, die mit *S* beginnen: Saxofon, ___

Wörter mit *th* und *Sh/sh*: Synthesizer, ___

Wörter mit *y*: Keyboard, ___

Fremdwörter üben 2

Desktop	Synthesizer	Sneaker	Installation
Dokument	Ski	Doping	Champion
Keyboard	Layout	Shop	Leichtathletik
Monitor	System	Musical	Olympiade
Orchester	Symbolleiste	Outfit	Shirt
Pullover	Track	Fleecejacke	Trainer
Saxofon	Prozessor	Display	Design
Skating	Jogging	Rhythmus	Kapuze
Stretchjeans	Show	Rap	

Üben bedeutet: häufiges Wiederholen in unterschiedlichen Abläufen.

1 Hier sind die Wörter von Seite 13 in eine andere Reihenfolge gebracht worden. Schreibe die Wörter der vierten Spalte nach dem Alphabet geordnet auf.

2 Schreibe die Wörter der ersten Spalte in einer völlig anderen Reihenfolge auf.

3 Präge dir die Wörter der zweiten Spalte gut ein. Decke sie nun ab und schreibe die auf, die du dir merken konntest.

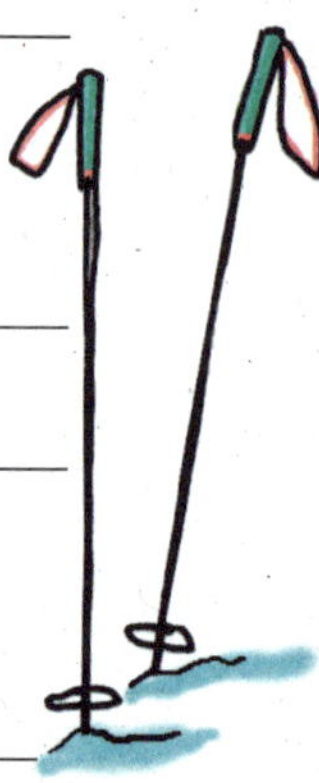

4 Übe auf diese Weise auch die Wörter der dritten Spalte.

5 Schreibe alle Wörter der Spalten zwei und drei auf, die du dir nicht merken konntest.

6 Schau dir noch einmal die Wörter aller Spalten an. Schreibe die Wörter heraus, von denen du meinst, dass du sie noch einmal üben müsstest.

Fremdwörter nachschlagen

1 Die folgenden Wörter beginnen alle mit einem *k*-Laut. Dieser wird jedoch auf unterschiedliche Art und Weise geschrieben: *K*, *C* oder *Ch*. Schreibe die Wörter nach Gruppen geordnet auf. Schlage im Zweifelsfall in der Wörterliste nach.

*ronik *allcenter *ousin *iosk *aos *eybord
*appuccino *aravan *onkurrenz *arakter
*usine *amäleon *artoon *or *asting
*assette *ontainer *antine *redit *rist *rom

Wörter mit *K* am Anfang	Wörter mit *C* am Anfang	Wörter mit *Ch* am Anfang

2 Diese Wörter beginnen mit einem *sch*-Laut. Du schreibst sie jedoch mit *Ch* oder mit *Sh* am Anfang. Du kannst in der Wörterliste nachschlagen.

*ow *arme *aker *ampoo
*eriff *ic *irt *ampagner *ef

Wörter mit *Ch* am Anfang:

Wörter mit *Sh* am Anfang:

3 Kontrolliere die Wörter der Aufgaben **1** und **2** mithilfe der Wörterliste.

4 Die Aufgaben **1** und **2** haben noch nicht ausgefüllte Schreiblinien. Dort kannst du eigene Wörter mit entsprechenden Anfängen hineinschreiben. Schlage im Wörterbuch nach.

Nominalisierte Verben und Adjektive großschreiben 1

Verben und Adjektive können nominalisiert werden und müssen dann großgeschrieben werden.

1. **Als Nomen gebrauchte Verben:**
   In der Regel weisen folgende Signalwörter auf die Großschreibung hin:
   Artikel: *das* Lachen, **Pronomen**: *sein* Lachen, **Präpositionen mit verstecktem Artikel** *durchs*, *zum*, *beim*, *vom*, *im*, *am* Lachen.
   Nominalisierte Verben stehen immer im Infinitiv.
2. **Als Nomen gebrauchte Adjektive:**
   In der Regel weisen folgende Signalwörter auf die Großschreibung hin:
   Artikel: *der* Alt**e**, **Präpositionen mit verstecktem Artikel**: *beim* Alt**en**,
   Pronomen: *unser* Alt**er**, **die Wörter** *etwas*, *viel*, *wenig*, *nichts* Alt**es**
   Achtung: Nominalisierte Adjektive stehen immer in einer flektierten Form.

Meister der Tarnung und Anpassung

Es sitzt still und reglos auf einem Ast, der von seinen Beinen umklammert wird. Der Schwanz ist wie eine Sprungfeder eingerollt und die Farbe der Haut scheint mit dem grün der Umgebung verschmolzen zu sein. Dieses Tier ist ein Beweis dafür, dass das anpassen an den Lebensraum über Millionen von Jahren perfekt gelungen ist. Die Rede ist vom Chamäleon, einem Tier mit einem aussehen wie aus der Urzeit der Erdgeschichte.
Die meisten Chamäleonarten leben auf Bäumen. Mit dem biegsamen Greifschwanz umschlingen sie Äste und ihnen gelingt so das festhalten auch noch bei Sturmböen. Außerdem haben sich ihre Füße zu Greifklauen entwickelt, mit denen sie einen dünnen Ast wie eine Zange umschließen. Mit ihren grünen bis braunen Naturfarben gelingt den Reptilien das tarnen in Bäumen hervorragend. Und sie können sogar sekundenschnell eine andere Farbe annehmen. Es ist nichts ungewöhnliches, dass sie lange Zeit fast bewegungslos sind. Sie mögen einfach nichts hektisches, sondern sitzen lieber einfach nur da. Beim klettern schaukeln sie langsam vor- und zurück, sodass sie einem beim betrachten manchmal wie Blätter im Wind vorkommen. Was sich bewegt, sind jedoch ihre kugelartig vorstehenden Augen oder auch nur eines von beiden. Diese Echsen können nämlich – und das ist etwas besonderes – mit einem Auge nach vorne und gleichzeitig mit dem anderen nach hinten nach Beute schauen. Bei den meisten Chamäleons besteht sie aus Insekten. Auf ihrer langen Schleuderzunge, die sie unglaublich schnell hinausschießen können, kleben dann die ahnungslosen fest und verschwinden im Maul.

1 In dem Text sind 15 Verben und Adjektive markiert worden. Elf von ihnen müssen großgeschrieben werden. Unterstreiche die vier Verben und Adjektive, die kleingeschrieben bleiben.

2 Schreibe die elf verbliebenen Wörtern groß und mit ihren Signalwörtern auf. Es sind fünf nominalisierte Adjektive und sechs nominalisierte Verben.

Adjektive: ______________________________

____

____

Verben: ______________________________

____

Nominalisierte Verben und Adjektive großschreiben 2

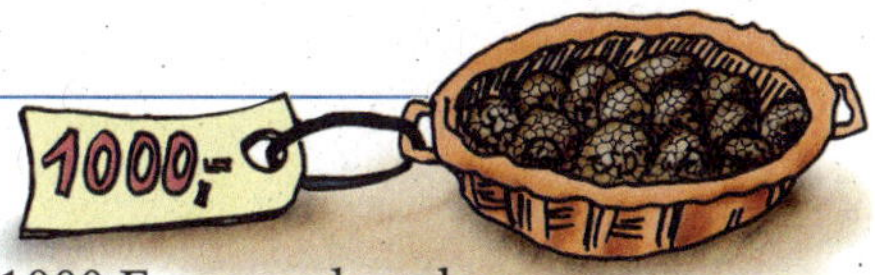

Teure Pilze (Teil 1)

Könntest du dir vorstellen, beim Einkaufen für ein Kilogramm Pilze 1000 Euro und mehr auszugeben? Diese Preise sind nichts Besonderes für Trüffel, die vor allem von Feinschmeckern, den Gourmets, sehr geschätzt werden. Gute Köche verwenden die kostbare Delikatesse zum Verfeinern ihrer Gerichte. Und bei dem genannten Preis wirst du sicherlich verstehen, warum man Trüffel auch als „weiße Diamanten“ bezeichnet. Was ist nun das Außergewöhnliche an dieser Knolle, das diesen hohen Preis rechtfertigt?

Kenner schreiben dem Pilz etwas Sagenhaftes zu. So soll er roh unglaublich duftig sein und ein sehr intensives Aroma besitzen, doch das Kochen und das Garen lässt den Duft der Delikatesse verfliegen. Allein das Überstreuen eines einfachen Nudelgerichts mit etwas mehr als zehn Gramm Trüffel soll die Geschmacksnerven im Mund zum Explodieren bringen. So ist es auch nichts Ungewöhnliches, wenn betuchte Gourmets manchen Euro für die Spezialität ausgeben.

Zum Entfalten des Trüffelgeruchs braucht es einen Geschmacksträger. Am besten dafür eignen sich Butter oder Eigelb. Gourmets schwören auf eine einfache Art der Zubereitung: Omelett, Spiegelei oder Eiernudeln. Dabei wird der Trüffel nach dem Zubereiten der Nudeln frisch auf die Pasta in hauchdünne Scheiben gerieben. Vorher sollte man die Trüffel nicht waschen, sondern durch das sorgfältige Abbürsten mit einer Bürste von Erdkrümeln befreien.

1 In dem Text „Teure Pilze“ sind Verben und Adjektive zu Nomen geworden und deshalb großgeschrieben worden.
Finde sie im Text. Ordne sie dann den beiden Gruppen zu und schreibe sie mit ihren Signalwörtern auf.

Neun nominalisierte Verben:

____

____

____

____

Vier nominalisierte Adjektive:

____

____

Nominalisierte Verben und Adjektive großschreiben 3

1 Im Text stehen viele Verben in Großbuchstaben. Acht davon sind zu nominalisierten Verben geworden. Schreibe alle Verben nochmals in der richtigen Schreibweise in die Lücken. Markiere dann die nominalisierten Verben mit ihrem Signalwort.

Teure Pilze (Teil 2)

Doch Trüffelknollen kann man nicht ZÜCHTEN ____________, sie sind selten und schwer zu FINDEN ____________. Das SUCHEN ____________ beginnt im Herbst und ist nicht so einfach wie das ENTDECKEN ____________ von Pilzen bei uns. Der Sammler benötigt zum SUCHEN ____________ der Trüffel fachmännische Hilfe, denn die begehrten Knollen findet man nicht einfach durch BETRACHTEN ____________ des Bodens, sondern durch SCHNÜFFELN ____________, da Trüffel im Erdreich LIEGEN ____________ und mit dem Auge nicht wahrzunehmen sind. Dazu benötigt man „Spezialisten" mit einem ausgesprochen gut entwickelten Geruchssinn.

Trüffelsucher in Italien DURCHSTREIFEN ____________ mit Taschenlampe und in Begleitung eines Hundes gegen Abend das Unterholz der Eichenwälder. Die zwei müssen ein eingespieltes Team sein, denn für die beiden ist die gute Nase des Tieres unerlässlich. Bei manchen Eichen dauert es nämlich zehn Jahre, bis bei ihnen Trüffel zu FINDEN ____________ sind.

Heute gibt es nur noch wenige Profis, die bei ihrem SUCHEN ____________ auf die sehr feine Nase eines „Trüffelschweins" VERTRAUEN ____________. Zum einen bereitet das TRANSPORTIEREN ____________ der großen, schweren Tiere ein Problem, zum anderen SCHÄTZEN ____________ die Borstentiere Trüffel ebenfalls als Leckerbissen. Was würdest du wohl für ein Gesicht machen, wenn du mit ANSEHEN ____________ müsstest, wie eine 100 kg schwere Sau dir den Weg zu den begehrten Pilzen versperrt und du ihr beim genüsslichen FRESSEN ____________ auch noch hilflos zusehen musst?

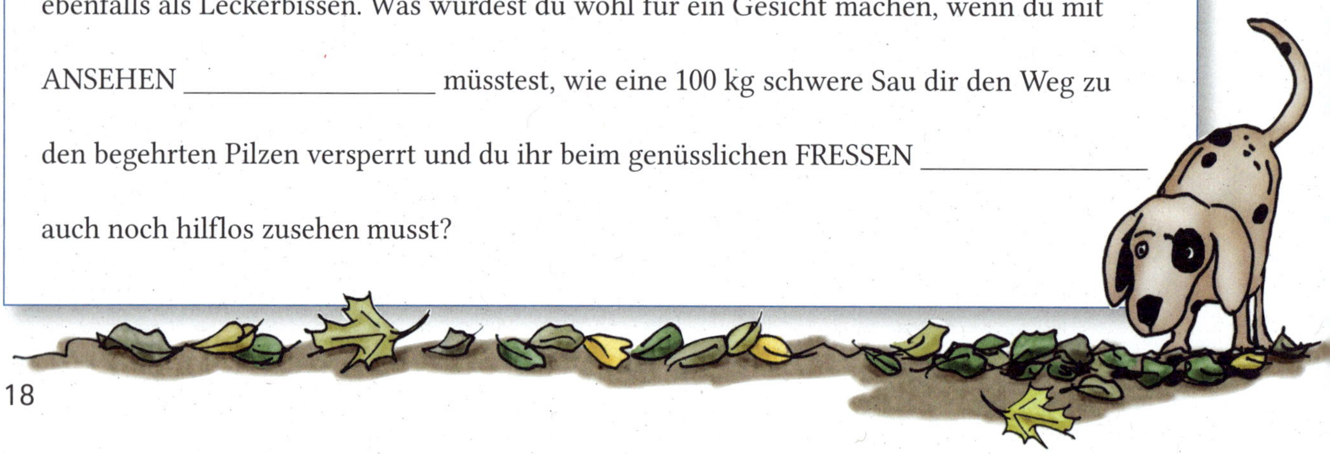

Im Zweifelsfall nachschlagen

1 Es gibt Fälle in der Groß- und Kleinschreibung, die man am schnellsten durch Nachschlagen löst, wenn man Zweifel hat.
Unterstreiche beim Durchlesen der folgenden Sätze mit Bleistift, was du für richtig hältst.

Mir wurde angst und bange / Angst und Bange.
Ich hatte angst / Angst. ____________________
Das macht mir angst / Angst.

Er spricht deutsch / Deutsch.
Er spricht gut deutsch / Deutsch. ____________________
Er spricht ein gutes deutsch / Deutsch.

Sie konnte am besten / Besten rechnen.
Sie war die beste / Beste in der Klasse. ____________________
Sie hat ihr bestes / Bestes getan.

Sie trägt ein Kleid in leuchtendem rot / Rot.
Die Ampel leuchtet rot / Rot. ____________________
Die Ampel schaltet auf rot / Rot.

Er war nicht schuld / Schuld daran.
Es war nicht seine schuld / Schuld. ____________________
Er hatte schuld / Schuld auf sich geladen.

Sie ist im recht / Recht.
Sie hat recht / Recht. ____________________
Das ist nicht recht / Recht von dir.

Die meisten / Meisten kamen nicht an.
Die meiste / Meiste Zeit langweilte ich mich. ____________________
Darauf freue ich mich am meisten / am Meisten.

Das wichtigste / Wichtigste ist, dass du kommst.
Am wichtigsten / Wichtigsten ist, dass du gewinnst. ____________________
Nimm es nicht so wichtig / Wichtig!

2 Schlage im Wörterbuch oder in der Wörterliste nach, ob du das richtige Wort unterstrichen hast. Manchmal gibt es zwei Möglichkeiten!

3 Markiere jetzt das richtige Wort und streiche das falsche durch.

4 Schreibe einen der Sätze noch einmal richtig am Rand auf.

Zum Üben

Der Amerikanische Scherenschnabel

Der Amerikanische Scherenschnabel ist schon etwas Besonderes in der Tierwelt. Seine Art des Fischens ist einfach raffiniert und bringt einen Betrachter nicht nur zum Staunen, sondern auch zur Erkenntnis, dass die Natur unglaublich viele Erfindungen bieten kann. Dass man mit dem Schnabel Fische fangen kann, verblüfft einen nicht wirklich. Das erstaunliche ist aber, wie dieser elegante Vogel mit seiner Spannweite von über einen Meter das bewerkstelligt.

Die Natur hat bei der Ausstattung dieses Vogels nämlich für etwas Außergewöhnliches gesorgt: Sie hat ihm einen Schnabel gegeben, dessen unterer Teil viel länger ist als die oberere Schnabelhälfte. Damit ist er sozusagen mit einer Schöpfkelle ausgestattet, die er beim Jagen geschickt einsetzt. Er fliegt nämlich beim Fischen ganz knapp über der Wasseroberfläche. Dabei taucht er nur die untere Schnabelhälfte ins Wasser und benutzt diese wie einen Pflug, während er schnurgerade weiterfliegt. Wenn er dann beim durchpflügen des Wassers auf einen Fisch trifft, schnappt der Schnabel zu. Die Beute ist gefangen und wird im Flug verzehrt. Allerdings darf er sie nicht fallen lassen. Mit seinem merkwürdig geformten Schnabel gelingt ihm nämlich das aufpicken der Beute nicht.

Die Jagdmethode ist sehr interessant, aber nicht ganz ungefährlich. Denn wenn der Vogel mit seinen Flügeln die Wasseroberfläche berühren würde, gäbe es eine ungewollte Bruchlandung. Deshalb hält die Natur für diesen Jäger noch etwas Geniales bereit: Flügel, die vor allem nach oben schlagen, sodass ein Kontakt mit dem Wasser vermieden wird.

Wegen seiner speziellen Jagdtechnik hat der Amerikanische Scherenschabel es gar nicht nötig, gezielt nach seiner Beute, kleinen Fischen, Ausschau zu halten. Er kann im trüben fischen und macht dies besonders in der Morgen- und Abenddämmerung. Sein Jagdrevier muss aber eine Bedingung erfüllen: Es muss sich um flache Gewässer handeln.

1 In diesem Text sollst du alle nominalisierten Verben und Adjektive mit ihren Signalwörtern markieren. Lies ihn dir dazu erst einmal durch. Sollten dir dabei schon nominalisierte Verben und Adjektive auffallen, kannst du sie auch markieren. Beim zweiten Durchlesen sollst du dann gezielt nach den Beispielen suchen. Es sind insgesamt 7.

2 Im Text sind vier Fehler versteckt. Zwei nominalisierte Verben und zwei nominalisierte Adjektive sind nicht groß-, sondern kleingeschrieben worden. Suche sie und schreibe sie mit ihrem Signalwort auf.

Nominalisierte Verben: ______________________________

Nominalisierte Adjektive: ______________________________

Überprüfe dich selbst

1 Welche der folgenden Aussagen sind richtig? Kreuze an. ◯

☐ Präpositionen mit verstecktem Artikel sind Signalwörter für nominalisierte Verben und Adjektive.

☐ Nach Wörtern wie *etwas, viel, wenig* werden Verben großgeschrieben.

☐ Nominalisierte Verben werden nur mit einem Artikel verwendet.

☐ Adjektive verändern ihre Form bei der Nominalisierung.

2 Schreibe den folgenden Satz so um, dass in ihm das Verb *tauchen* nominalisiert und deshalb großgeschrieben wird. ◯

Wenn ich in gechlortem Wasser tauche, bekomme ich ganz gerötete Augen.

____

____

3 Schreibe den folgenden Satz so um, dass in ihm das Adjektiv *ungewöhnlich* nominalisiert und deshalb großgeschrieben wird. ◯

Es ist nicht ungewöhnlich, dass die Aufgaben in der Mathematikarbeit nicht von allen Schülerinnen und Schülern gelöst werden.

____

____

4 Im folgenden Text stehen sieben nominalisierte Verben und Adjektive. Drei sind bereits großgeschrieben und vier andere musst du noch großschreiben. Markiere die vier, die noch großgeschrieben werden müssen. ◯

Krokodile

Wenn die sechzig bis siebzig messerscharfen Zähne des Krodils beim Zubeißen ein Opfer gefunden haben, dann ist ein entrinnen meistens nicht mehr möglich. Gern lauern die Reptilien beim Jagen an Wasserstellen auf ihre Opfer, um sie dann beim trinken zu überraschen. Es ist nichts ungewöhnliches, dass sogar ausgewachsene Büffel von ihnen geschnappt werden. Doch etwas Seltsames geschieht, wenn sie ihre jungen transportieren. Die befinden sich nämlich dann in ihrem Maul.

Konjunktionen: zusammenschreiben 1

Kleine Wörter wie ***seit/dem***, ***nach/dem***, … können getrennt oder zusammengeschrieben werden. Handelt es sich um **Konjunktionen**, die **Nebensätze** einleiten, werden sie **zusammengeschrieben** – andernfalls nicht:
Seitdem *ich sie gesehen habe, …* ***Seit dem*** *letzten Wochenende …*

1 Schreibe die Wörter getrennt oder zusammen in die Zeilen. Beachte dabei die Informationen im Merkkasten. Achte besonders auf Nebensätze!

Ich sehe dich **so/bald** ______________________ nicht wieder.

Ich komme, **so/bald** ______________________ ich kann

So/viel ______________________ ich gehörter habe, fällt die letzte Stunde aus.

Ich habe **so/viel** ______________________ gelernt – und doch keine Zwei geschrieben.

Wir haben eine Menge Geld gespart, **in/dem** ________________ wir viel selbst gemacht haben.

Es herrschte eine große Dunkelheit **in/dem** ______________________ Keller.

Alina kam erst **nach/dem** ______________________ Klingelzeichen zum Unterricht.

Paul kam erst in die Klasse, **nach/dem** ______________________ es geläutet hatte.

Ich habe dich **so/lange** ______________________ nicht gesehen!

Er wartete auf sie, **so/lange** ______________________ er konnte.

Seit/dem ______________________ letzten Frühjahr ist er wieder auf Tournee.

Seine musikalische Vielfalt beweist er, **seit/dem** ________________ er auch Jazzmusik spielt.

Die Kinderzeit liegt schon **so/fern** ______________________.

So/fern ______________________ nichts dazwischenkommt, komme ich euch besuchen.

Sie wird kommen, **so/wie** ______________________ sie fertig ist.

Wir machen das **so/wie** ______________________ immer.

Ich habe schon **so/oft** ______________ Tischtennis gespielt; doch **so/oft** ______________

ich gespielt habe, eine solche Klatsche habe ich noch nicht eingesteckt.

Konjunktionen: zusammenschreiben 2

1 Setze die Wörter in der richtigen Schreibung in die Zeilen ein.

so/viel

Im Internet kann man *so/viel* ____________________ Interessantes über dieses Thema finden.

So/viel ____________________ ich weiß, muss man die Informationen genau überprüfen.

Ich bin sicher, dass ich *so/bald* ____________________ nicht wieder ins Stadion gehen werde.

so/wie

So/wie ____________________ dieses arme Mädchen möchte ich nicht leben.

So/wie ____________________ ich einmal in eine solche Situation komme, nehme ich Reißaus.

so/sehr

Er bemühte sich *so/sehr* ____________________, ein Tor zu schießen.

Doch *so/sehr* ____________________ er rannte und ackerte, er bekam keinen Ball zugespielt.

so/weit

So/weit ____________________ ich Mary kenne, meint sie es mit ihren Bemerkungen ernst;

doch *so/weit* ____________________ wie sie würde ich nicht gehen.

2 Bilde selbst Sätze, in denen die Kombination *in/dem*, *so/bald* und *so/viel* einmal zusammen und einmal getrennt geschrieben wird:

indem: ____

____

in dem: ____

sobald: ____

____

so bald: ____

soviel: ____

____

so viel: ____

Das Wort *zusammen* und Verben richtig schreiben

Manchmal können Verben und andere Wörter sowohl getrennt als auch zusammengeschrieben werden:

*Wir beide sollten die Leiter **zusámmen hálten**.*

Man schreibt **getrennt**, wenn jedes der beiden Wörter seine **selbstständige Bedeutung** behält – und deswegen auch **jedes Wort** für sich **betont** wird: ***zusammen** (= gemeinsam) etwas **halten***

In diesem Fall sind beide Wörter **trennbar**: *Wir beide sollten **zusammen** die Leiter **halten**.*

*Wir beide sollten bei diesem Streit **zusámmenhalten**.*

Man schreibt **zusammen**, wenn die beiden Wörter **eine gemeinsame Bedeutung** erhalten – und deswegen auch nur das **erste Wort** betont wird: ***zusammenhalten** = sich einig sein*

In diesem Fall sind die beiden Wörter **untrennbar**.

1 Entscheide, in welchen Sätzen das Verb mit dem Wort **zusammen** getrennt bzw. zusammengeschrieben wird. Achte auf die Informationen im Kasten. Schreibe die Sätze auf.

a) Den schweren Tisch sollten wir am besten **zusammen / tragen**.

Den schweren ______________________________

b) Für unser Referat müssen wir noch einige Informationen **zusammen / tragen**.

Für unser Referat ______________________________

c) Wollen wir ein Tandem **zusammen / nehmen**.

Wollen wir ______________________________

d) Könnt ihr euch nicht **zusammen / nehmen** und aufpassen?

Könnt ihr ______________________________

e) Wir sind gestern den weiten Weg **zusammen / gelaufen**.

Wir sind ______________________________

f) Auf dem Platz ist eine große Menschenmenge **zusammen / gelaufen**.

Auf dem Platz ______________________________

g) Wollen wir in den Wald gehen und Pilze **zusammen / suchen**?

Wollen wir ______________________________

h) Sie muss erst ihre Sportsachen noch **zusammen / suchen**.

Sie muss ______________________________

Getrennt oder zusammenschreiben: Kleine Wörter und Verben 1

1 Schreibe die folgenden Sätze auf. Achte auf die Betonung.
Ermittle im Zweifelsfall, ob die beiden Wörter trennbar oder untrennbar sind.
Auch Wörter mit *zu* in der Mitte können getrennt oder zusammengeschrieben werden.

a) Wenn du ein Gedicht vorliest, musst du **dabei / stehen**.

Wenn du ______________________________

b) Man kann doch nicht einfach nur **dabei / stehen** und zusehen!

Mann kann doch ______________________________

c) Wollt ihr wirklich den ganzen Tag über noch **da / bleiben**?

Wollt ihr wirklich ______________________________

d) Du musst **da / bleiben**, wo du jetzt stehst!

Du musst ______________________________

e) Eintracht Braunschweig hat einen verdienten Sieg **davon / getragen**.

Eintracht Braunschweig ______________________________

f) Hier sind einige Kisten. Wie viele kannst du **davon / tragen**?

Hier sind einige Kisten. ______________________________

g) Kannst du mir bitte mal den Ball **wieder / holen**?

Kannst du ______________________________

h) Ich muss die Vokabeln noch einmal gründlich **wieder / holen**.

Ich muss die Vokabeln ______________________________

i) Mit viel Glück sind wir noch einmal **davon / gekommen**.

Mit viel Glück ______________________________

j) Das ist nur **davon / gekommen**, dass wir viel Glück hatten.

Das ist nur ______________________________

k) Ich bin endlich **dahinter / gekommen**, was du gemacht hast.

Ich bin endlich ______________________________

l) Er lief als Erster ins Ziel, die anderen sind weit **dahinter / gekommen**.

Er lief als Erster ins Ziel, die anderen ______________________________

Getrennt oder zusammenschreiben: Kleine Wörter und Verben 2

1 Schreibe die Wörter in den Klammern getrennt oder zusammen auf. Informiere dich im Zweifelsfall in den Merkkästen auf Seite 22 und 24. Schlage zur Kontrolle im Lösungsteil nach.

Manchmal ist es wie verhext: Da wird alles über Wochen (**vorher / geplant**) ______________, und dann kommt alles anders. So war es auch bei unserer Klassenfahrt. Noch am Abend vorher war etwas Unvorhergesehenes (**dazwischen / gekommen**) ______________: Unser Klassenlehrer hatte sich (**krank / gemeldet**) ______________. Er hatte eine Grippe (**davon / getragen**) ______________. Die Frage hieß nun: Wie soll es mit unserer Klassenfahrt (**weiter / gehen**) ______________? Ohne einen Erwachsenen müssten wir alle (**da / bleiben**) ______________. Also E-Mails an alle: Wir sollten alle auf Florians Hof (**zusammen / kommen**) ______________. Manche waren einzeln eingetrudelt, die Neustädter Schüler waren aber (**zusammen / gekommen**) ______________. Einer sagte: „Das war ja (**vorher / zu / sehen**) ______________, dass noch was (**dazwischen / kommt**) ______________."

Eine andere sagte: „Das hätte ich euch (**voraus /sagen**) ______________ können." Was sollten wir also machen? Wie sollte das Ganze (**weiter / gehen**) ______________? Es war das blanke Chaos. Alle mussten sie (**durcheinander / reden**) ______________.

Da ist plötzlich Florians Vater (**dazu / gekommen**) ______________. Ich (**wieder / holte**) ______________ die wichtigsten Infos. Florians Vater, der selbst Lehrer an unserer Schule ist, sagte: „Lasst uns (**zusammen / überlegen**) ______________, was wir tun könnten. Vielleicht kann ich ja die Begleitung (**über / nehmen**) ______________.

Am Ende ist tatsächlich alles (**gut / gegangen**) ______________.

Getrennt oder zusammenschreiben: Adjektive und Verben

Behalten Adjektiv und Verb ihre **eigene Bedeutung**, so werden sie **getrennt** geschrieben:

*Das kann man ja kaum lesen! Du musst nicht immer so **klein schreiben**.*

Erhalten Adjektiv und Verb gemeinsam eine **neue Bedeutung**, so werden sie **zusammengeschrieben**:

*Ein Wort wie „immer" musst du doch **kleinschreiben**!*

Immer **getrennt** schreibt man, wenn das **Adjektiv gesteigert** ist:
*Kannst du die Heizung nicht **wärmer stellen**?*

Immer **getrennt** schreibt man auch, wenn das **Verb erweitert** ist:
*Kannst du die Heizung nicht **warm einstellen**?*

Man kann auch manchmal **getrennt oder zusammenschreiben**:
*Kannst du mir das Essen heute **warmstellen / warm stellen**?*

1 Schreibe die folgenden Sätze auf. Beachte die Informationen im Kasten. Im Zweifelsfall solltest du aber in der Wörterliste oder im Wörterbuch nachschlagen.

a) Ich kann den Schmerz **wohl / fühlen**, aber nicht sagen, wo er herkommt.

Ich kann diesen Schmerz ______________________, aber nicht sagen, wo er herkommt.

b) Bei euch zu Hause kann man sich richtig **wohl / fühlen**.

Bei euch zu Hause ______________________

c) Immer häufiger muss man entführte Menschen **frei / kaufen**.

Immer häufiger ______________________

d) Am Meer kann ich mich immer viel **freier / fühlen** als zu Hause.

Am Meer kann ich mich ______________________

e) Komm, wir gehen ein Eis essen! Ich werde dich **frei / halten**.

Komm, wir gehen ein Eis essen! ______________________

f) Du solltest nicht immer so **krumm / dasitzen**!

Du solltest ______________________

g) Ich könnte mich bei diesem Witz immer wieder **krumm / lachen**.

Ich könnte mich ______________________

h) Angeber! Du solltest dich nicht immer **wichtig / tun**!

Angeber! ______________________

Getrennt oder zusammenschreiben? Im Zweifelsfall nachschlagen!

In jedem Wörterbuch gibt es für viele Zweifelsfälle herausgehobene Kästen, in denen ein Wort in den verschiedenen Schreibungen aufgeführt wird. Auf der gegenüberliegenden Seite findest du einige solcher Kästen. An denen kannst du dich orientieren, wenn du unsicher bist, ob zwei Wörter getrennt oder zusammengeschrieben werden.

1 Schreibe die Wörter, die in Klammern stehen, getrennt oder zusammen auf. Schau im Zweifelsfall in den Informationskästen nach.

a) Vor einiger Zeit haben die beiden noch fest (**zusammen / gehalten**) ______________.

b) Jetzt hat sie ihren Freund vorübergehend (**kalt / gestellt**) ______________.

c) So kann eine Liebe manchmal (**auseinander / gehen**) ______________.

d) Manchmal kann sich die Zeit (**lang / hinziehen**) ______________.

e) Dann kann es (**tot- / tod- / langweilig**) ______________ werden.

f) Man kann die Zeit eben nicht (**fest / binden**) ______________.

g) Der Torwart hatte sich richtig (**lang / gemacht**) ______________.

h) Bei einem solchen Schuss kann man sich eben nicht (**gehen / lassen**) ______________.

i) Jedenfalls hat es keinen (**kalt / gelassen**) ______________, wie er den Ball abgelenkt hat.

j) Unser Dackel lässt sich nicht einfach an einem Baum (**fest / machen**) ______________.

k) Man müsste ihn schon ganz (**fest / anbinden**) ______________.

l) Ob die Leine dann nicht trotzdem (**auseinander / reißt**) ______________?

m) Das (**zusammen Arbeiten / Zusammenarbeiten**) ______________ funktioniert nicht,

n) obwohl die beiden Geschwister sonst immer (**zusammen / halten**) ______________.

o) Doch manchmal kommt es vor, dass sie sich so (**auseinander / setzen**)

______________,

p) dass es besser ist, wenn sie sich weit (**auseinander / setzen**)

______________.

Informationskästen

kalt:
Schreibung in Verbindung mit Verben:
* es war die Nacht über kalt geblieben,
* den Kühlschrank kälter stellen
* den Saft über Nacht kalt stellen / kaltstellen
* jemanden kaltmachen
* das kann mich kaltlassen

lang:
Schreibung in Verbindung mit Verben:
* sich lang ausstrecken
* ein Gummiband lang ziehen / langziehen
* der Torwart musst sich langmachen (strecken)
* wir können das nicht länger machen

fest:
Schreibung in Verbindung mit Verben:
* auf beiden Beinen fest stehen
* es sollten feststehen (sicher sein), dass ...
* etwas festbinden
* *aber:* etwas fest anbinden
* sich an etwas festbeißen (klammern)

auseinander:
In Verbindung mit Verben werden alle Wörter mit „-einander" in der Regel zusammengeschrieben:
* auseinanderbrechen
* auseinandersetzen
* auseinanderhalten

aber:
mit „sein" immer getrennt:
* auseinander sein

zusammen:
In Verbindung mit Verben in der Regel zusammen:
* zusammenarbeiten
* zusammenhalten

Wenn „zusammen" die Bedeutung „miteinander" hat, schreibt man getrennt:
* wir können nicht zusammen (in einem Raum) arbeiten

tod-/tot- Tod-/Tot-:
Man schreibt „tod-" in Verbindung mit Adjektiven:
* todkrank, todmüde,
* todunglücklich, der Tod,
* der Todkranke.

Man schreibt „tot-" in Verbindung mit Verben:
* totfahren, tottreten,
* sich totlachen
* der Totschlag

lernen:
Man schreibt „lernen" in Verbindung mit einem vorausgehenden Verb in der Regel getrennt:
* schwimmen lernen
* rechnen lernen
* kochen lernen, ...

aber auch:
* (das) Lesen lernen, ...

groß und zusammen:
* beim Lesenlernen, ...

gehen:
In Verbindung mit anderen Verben in der Regel getrennt:
* baden gehen
* schlafen gehen
* jemanden gehen lassen

aber:
* sich gehenlassen / gehen lassen (sich nicht beherrschen können)

In Verbindung mit „gut":
* das ist noch einmal gut gegangen / gutgegangen

Übungen

1 Bei den folgenden Übungssätzen solltest du dich im Zweifelsfall an den angegebenen Seiten orientieren. Schau also dort noch einmal nach – und überprüfe die Schreibung erst danach im Lösungsblatt.

Seite 22:

Seit/dem ________________ letzten Wochenende habe ich einen Wecker.

Seit/dem ________________ ich einen Wecker habe, wache ich morgens rechtzeitig auf.

Seite 23:

So/viel ________________ ich weiß, kommst du morgen zu mir.

So/viel ________________ ist sicher: Du kommst morgen zu mir.

Ich habe dir nämlich **so/viel** ________________ zu sagen.

Seite 24:

Zusammen/halten ____________________________ wir den ersten Platz in der Kreisklasse.

Zusammen/halten ____________________________ mussten wir bei jedem Spiel aufs Neue.

Wir haben uns versprochen, immer **zusammen/zu/halten** ____________________________.

Seite 25:

Ich kann leider nicht länger **da/bleiben** ________________________.

Du musst leider **da/bleiben** ________________________, wo du bist.

Seite 26:

So/weit ________________ ich das einschätzen kann, hast du nicht die Wahrheit gesagt.

So/weit ________________ würde ich aber nicht gehen, dass du gelogen hast.

Ich wandere, **so/weit** ________________ mich meine Füße tragen.

Seite 27:

Du solltest nicht jeden Tag drei Stunden lang **fern/sehen** ________________________!

Mit diesem Fernglas kann man sehr **fern/sehen** ________________________________.

Seite 28:

Du musst das Boot am Seil **fest/binden** ______________________________!

Nein, du musst es noch **fester/binden** ______________________________!

Du musst es richtig am Steg **fest/anbinden** ____________________________!

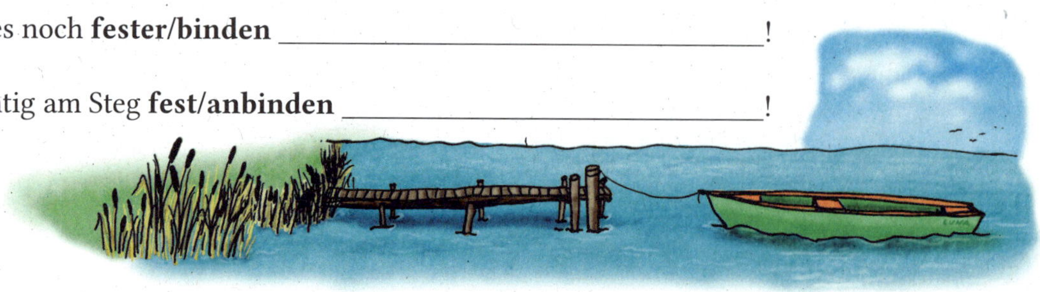

Überprüfe dich selbst

1 Bei der Fehlersuche in diesem Text kannst du noch einmal überprüfen, was du über die Getrennt- und Zusammenschreibung gelernt hast. Unterkringele beim Durchlesen die Fehler, die dir auffallen. Wenn du nicht alle 15 Fehler gefunden hast, lies den Text noch einmal durch. Überprüfe dann anhand des Lösungsblattes, wie die Fehlerwörter geschrieben werden. Schreibe sie anschließend richtig an den Rand.

Stadtmarathon

Am letzten Wochenende ist auf dem Marktplatz eine gro- ____________________
ße Menschenmenge zusammen gekommen. Das Publikum ____________________
schaute zu, wie die Läufer der beiden Stadtvereine und die ____________________
aus der Partnerstadt Basel den Marathon zusammengelau- ____________________
fen sind. Es waren an die dreihundert Frauen und Män- ____________________
ner, die an diesem Ereignis Teil genommen haben. Span- ____________________
nend war es vor allem, dass die Stadtvereine Arminia und ____________________
Concordia zum erstenmal aufeinander getroffen sind. Sie ____________________
wollten sich im Wettkampf mit den Läufern der Partner- ____________________
stadt auseinander setzen. Es gab einen überaus spannen- ____________________
den Kampf, in dem Xaver Meier bei den Männern den Sieg ____________________
davon trug. Bei den Frauen hat Miriam Morg alle anderen ____________________
Läuferinnen geradezu kalt gestellt, in dem sie mit fast einer ____________________
Minute Vorsprung gewann. Das Ereignis wurde jedoch von ____________________
einem Unfall überschattet, als einer der Läufer von Arminia ____________________
zusammen geklappt ist und in eine Klinik gebracht werden ____________________
musste. Wie es dazugekommen ist, konnten die Ärzte bisher ____________________
noch nicht fest stellen. Nach dem die Wettkämpfe beendet ____________________
waren, haben die Schweizer mit ihren deutschen Freunden ____________________
zusammengefeiert. Auf dieser Feier sollten sich die Gäste ____________________
bei ihren Gastgebern noch einmal so richtig wohl fühlen. ____________________

Verbreitete Fehler im Internet

1 Wenn man Briefe in E-Mails, Artikel im Internet und Informationen auf Facebook liest, trifft man auf eine Fülle von Rechtschreib- und anderen Fehlern. Manche denken vielleicht, wenn ich etwas schreibe, dann zeigt mir das Programm die Fehler an. Und dann korrigiert man sie auch manchmal. Aber manchmal eben nicht. Außerdem zeigt das Rechtschreibprogramm von den 19 Fehlern in diesen Sätzen tatsächlich 7 *nicht* an! Unterkringele die Fehler. Schreibe die Fehlerwörter richtig an den Rand. Schlage im Zweifelsfall im Lösungsblatt nach. Und denke daran: Wenn du im Internet kommunizierst, solltest du aus Höflichkeit deinen Lesern gegenüber Rechtschreibfehler vermeiden!

Ich kann euch etwas zum Kauf anbitten.	zum Kauf anbieten
Da sollte man doch tolleranter sein.	
Lasst das bitte mit euren Stichelleien!	
Ich kann mich noch so anstrengen, es gelinkt mir nichts.	
Ich finde, was du schreibst, ist nicht legetim.	
Auf meinen Vater kann ich richtig Stolz sein.	
Tut mir leid, immomend habe ich keine Zeit dazu.	
Unser Ausflug nach Köln war sehr Erlebnis reich.	
Man kann amende doch niemandem helfen.	
Wir machen uns zunehmens Gedanken über dich.	
So eine Gemeinheit werde ich nicht wiederspruchslos hinnehmen.	
Bei euren Anschuldigungen kriege ich echt ein Mulmigesgefühl.	
Diese Beleidigung hat lange an mir genakt.	
Von einer Beleidigung kann man wohl hier nicht Reden.	
Er fragte: „Was sagst Du dazu?“	
Es ist das Erstemal, dass ich so etwas höre.	
Was du geschrieben hast, hört sich echt seltzam an.	
Bei uns kommt so etwas öfterst vor.	
Mit meiner Geduld bin ich jetzt wirklich Rand voll.	

Trennungsfehler – Trennungsfallen

Wörter werden **nach Sprechsilben getrennt**.
Nicht abgetrennt werden **Einzelbuchstaben** am Anfang und am Ende eines Wortes – auch dann nicht, wenn es sich um zusammengesetzte Wörter handelt.
Also **nicht**: ***U-hu, Säu-e, ...*** und **nicht**: ***Tiefe-bene***.
Wörter sollten **nicht** so am Zeilenende getrennt werden, dass es zu **Irritationen** beim Lesen kommt. Also nicht: ***Fange-folge***, sondern: ***Fan-gefolge***.

1 In den folgenden Sätzen finden sich richtige, falsche und irritierende Worttrennungen. Unterkringele die falschen und irritierenden Trennungen und markiere die richtigen. Schreibe dann die unterkringelten Wörter richtig bzw. besser am Rand auf.

Im Wald werden nachts die Buche-
ckern vor allem von Wildschweine-
bern vertilgt. Eine Fülle Schader-
reger finden sich heute in unseren
heimischen Gewässern. Schneeflo-
cken sind Kristalle, die zu Sechse-
cken angeordnet sind. Die Hoche-
bene lag noch ganz im Sonnenlicht.
Ein vielfältiges und lautes Stimmene-
cho hallte von den Bergen wider. Es
kümmert mich nicht, es ist mir piepe-
gal, was die Leute so über die Viele-
he reden! Es geht mir das Kindere-
lend auf der Welt aber zu Herzen und
vor allem die riesige Massene-
migration von Menschen aus armen
Ländern. Es wird eine Menschene-
wigkeit dauern, ehe das aufhört! Die
großen, verheerenden Vulkane-
ruptionen mit ihren Folgen erschüt-
tern mich. – Ich hole das Bleistifte-
tui, nehme einen Stift heraus und
schreibe mir ein schönes Namense-
tikett. Das klebe ich dann auf mein
Tagebuch. Während des Mittages-
sens wurde mir schlecht. Im Ferns-
ehen sah ich einige schöne Profiten-
nisspiele. Rauchen von Mentholz-
igaretten ist besonders schädlich.
Es kommt nicht erst heute der Solare-
nergie mehr und mehr an Bedeutung
zu. An einem der nächsten Sonna-
bende gehe ich einmal wieder ins
Kino. Auf dem Boden ihrer
Handtasche befand sich ein Insekt-
engel gegen die Mücken. Zum Urin-
stinkt von Säugetieren gehört das
Säugen. Madonna zählt zu den Popi-
konen einer ganzen Generation.

Das Komma bei Aufzählungen setzen 1

Aufgezählte Wörter, Wortgruppen und Sätze können mit den Konjunktionen ***und***, ***oder*** und ***sowie*** verbunden werden: *Fische und Frösche sowie Kröten oder Salamander – In unserem Teich schwimmen Fische [,] und ein paar Frösche springen auch herum.*
Steht keine Konjunktion zwischen den aufgezählten Wörtern und Wortgruppen, dann wird dafür jeweils ein Komma gesetzt:
In unserem Teich schwimmen Fische, ein paar Frösche springen auch herum.

1 Schreibe den Text ab. Ersetze dabei einige der Konjunktionen durch ein Komma.

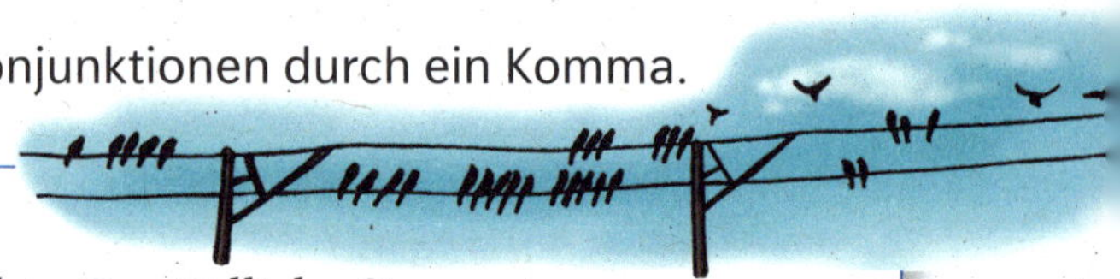

Krähen legen Bahnstrecke lahm
Amsel und Drossel sowie Fink oder Star spüren nichts. Der tödliche Strom einer Hochspannungsleitung könnte ihnen durch Krallen und Beine sowie Körper fließen. Er nimmt jedoch den Weg des geringsten Widerstandes. Den bietet die Leitung selbst. Zum tödlichen Verhängnis kann dagegen der Strom Großvögeln werden, z. B. Störchen und Bussarden oder Eulen. Sie geraten oft mit einem Flügel oder mit dem Schnabel sowie mit den Füßen an einen zweiten Draht und lösen so einen Kurzschluss aus. Sie stürzen betäubt und versengt sowie verkohlt oder zerfetzt zu Boden.

Amsel, Drossel, Fink oder Star spüren nichts. Der

2 Setze in dem nachfolgenden zweiten Teil des Textes die fehlenden Kommas.

Nur neue Leitungen haben Schutzeinrichtungen. Deshalb müssen weiterhin viele Vögel sterben. Ein Austausch der alten Leitungen ist zu teuer nur wenige Menschen setzen sich für die Vögel ein zu selten wird auf die Verantwortlichen Druck ausgeübt. Dabei ist zu bedenken, dass durch Vögel, die in Hochspannungsleitungen geraten, Betriebsschäden Zugverspätungen sowie Unfälle ausgelöst werden können. Kürzlich ist eine Bahnstrecke stundenlang lahmgelegt worden. Leitungen sind herabgefallen ein Zug musste anhalten der Strom musste abgeschaltet werden und Reparaturarbeiten waren notwendig.

Das Komma bei Aufzählungen setzen 2

Wenn zwischen aufgezählten Wörtern und Wortgruppen ein Gegensatz besteht, wird er meist durch Konjunktionen wie ***aber***, ***doch***, ***jedoch***, ***sondern*** signalisiert. Vor diesen Konjunktionen muss immer ein Komma gesetzt werden:
Die Mannschaft spielte gut, ***aber*** *erfolglos. Er sprach sehr lange,* ***doch*** *immer interessant. Sie gab Tim,* ***jedoch*** *nicht Markus die Hand. Sie geht nicht dienstags,* ***sondern*** *freitags zum Training.*

1 Die Wortgruppen sollen jeweils in einem Satz vorkommen. Schreibe die Sätze auf und ersetze dabei die Konjunktion ***und*** durch ***aber***, ***doch***, ***jedoch*** bzw. ***sondern***. Achte auf die Kommasetzung.

a) gern Liebesromane und auch Krimis lesen
b) sehr süße und auch bittere Getränke mögen
c) bei gutem und auch bei schlechtem Wetter Rad fahren
d) sonnige und kalte Ferientage erlebt
e) versprechen, den Briefkasten zu leeren und nicht die Blumen zu gießen
f) völlig erschöpft und sehr glücklich nach Hause gekommen

Tina liest gern Liebesromane, aber auch Krimis. ______

Sie mag ______

Wir wollen ______

Wir haben ______

Versprich mir, ______

Wir sind ______

2 Setze in den folgenden Sätzen die fehlenden Kommas ein.

a) Der März kann in einem Jahr warm und feucht sein aber in einem anderen trocken und kalt.

b) Für die Party brauchen wir noch Getränke was zum Knabbern doch nichts Salziges.

c) Er hat ihr nicht nur Geburtstagsgrüße sondern auch ein kleines Geschenk sowie Blumen geschickt.

d) In das Rätsel passen Wörter mit den Anfangsbuchstaben *l m* und *n* jedoch nicht mit den Anfangsbuchstaben *r* oder *s*.

e) Die Lösung hat etwas zu tun mit Sport jedoch gar nichts mit Ballspielarten.

f) Ben kann sich um den Spielplan des Turniers oder die Betreuung der Gäste aber nicht auch noch um die Unterbringung der Teilnehmer und deren Bewirtung kümmern.

Das Komma bei *und* setzen 1

Vor der Konjunktion ***und*** wird in der Regel kein Komma gesetzt. Man sollte aber vor einem ***und***, das zwei Hauptsätze miteinander verbindet, dann ein Komma setzen, wenn ohne das Komma vorübergehende Missverständnisse entstehen könnten.

1 Entscheide, wo du in der nachfolgenden Geschichte vor *und* jeweils ein Komma setzen solltest. Schau dir die Lösungsseite an, in der ein Vorschlag für die Kommasetzung gemacht wurde. An allen anderen Stellen als den angegebenen darf kein Komma gesetzt werden!

Sandra, Giovanni und der Esel

Sandra hat in den Ferien in Italien Giovanni kennen gelernt und einen Esel gab es dort auch. Dort wollte sie einmal auf dem Esel reiten und auf Giovanni war es dabei angekommen, dass das überhaupt möglich war. Sie setzte sich also auf den Rücken dieses kleinen Ungeheuers und auf Giovanni hatte sie sich total verlassen, dass der nun das Tier antrieb. Der aber schaute nur zu und zeigte ein breites Lachen und ein Antreiben schien ganz und gar nicht seine Sache zu sein. Er stand einfach nur da und tat erst einmal so gut wie gar nichts und sehr viel konnte Sandra auch nicht tun. Er sei nun mal Giovanni und ein Esel sei im Allgemeinen ein störrisches Tier, sagte er. Man müsse dem Tier nur ein kleines Stück Zucker geben und einen Klaps und die Beine des Tieres würden sich dann wie von alleine bewegen. Nun gut!

Sandra nahm aus Giovannis Händen das Zuckerstück und den Klaps gab sie dem Esel selbst. Aber der blieb stehen, schnaubte und er rannte durchaus nicht los. Er wollte sich nicht bewegen und fast totlachen wollte sich Giovanni darüber. Doch dann pfiff der Junge und mit Gerappel rannte die Bestie los. Sandra machte auf dem rumpelnden Rücken des Tieres sicherlich nicht gerade eine glänzende Figur und einen Esel beim Laufen anzuhalten, das ist fast so schwierig, wie ihn in Gang zu bringen. Kurzum, sie kriegte die Wut und kein Lächeln der Welt würde sie jemals wieder auf einen so blöden, bockigen Esel setzen können.

2 Schreibe ab und setze die Kommas.

Trotzdem: Auf diese Weise hatte sie sich mit einem lustigen Typen angefreundet und mit dem Esel hat sie sich nicht mehr eingelassen. Daraus wurde eine richtige Ferienliebe zwischen Sandra und Giovanni und dem biestigen Esel schenkte sie nie mehr die geringste Aufmerksamkeit.

Das Komma bei *und* setzen 2

Auch wenn im Allgemeinen vor ***und*** und ***oder*** kein Komma steht, gibt es Fälle, wo ein solches Komma tatsächlich stehen muss. Das ist z. B. hier der Fall:

Sie rannte zum Bus, den sie tatsächlich noch erreichte, ***und*** *fiel erschöpft in den Sitz.*

Das Komma steht vor dem ***und***, weil der Nebensatz eingeschoben worden ist. Der eingeschobene Nebensatz wird durch zwei Kommas („Doppelkomma") abgetrennt.

1 In den Satzgefügen des folgenden Textes werden die eingeschobenen Nebensätze durch Doppelkomma von den Hauptsätzen abgegrenzt. Die Hauptsätze werden nach den Nebensätzen mit ***und*** bzw. mit ***oder*** weitergeführt. Unterstreiche alle Nebensätze und grenze sie mit Kommas vom Hauptsatz ab.

Gefahren für Wetterfühlige

Als wetterfühlig gelten über 30 Millionen Menschen die in Deutschland leben und diese sind besonders geplagt. Viele der Geplagten nehmen regelmäßig Mittel mit denen sie über diesen Zustand hinwegzukommen versuchen oder greifen doch hin und wieder zu ihnen. Am deutlichsten reagieren die Menschen auf Wetterveränderungen wenn ein Tief heranzieht und leiden dann darunter. Besonders in den Großstädten brauen sich manchmal Smog-Wolken zusammen wenn die Luftbewegung zum Stillstand kommt und führen dann zu unangenehmen Reaktionen. Das kann psychische Probleme auslösen die einen erheblich plagen oder zu weiteren gesundheitlichen Beschwerden führen. Kopfschmerzen können ausgelöst werden wenn ein Tief wieder abzieht und es treten dann sogar vermehrt Fälle von Herzinfarkt auf. Die Ratschläge der Ärzte bestehen darin dass Wetterfühlige sich bei solchen extremen Wetterlagen in den Wohnungen aufhalten sollten und sie sollten möglichst nicht rauchen. Ebenso wichtig ist das Vermeiden jeder Situation die sie in Stress bringt und jeder übermäßigen körperlichen Belastung.

2 Unterstreiche in den folgenden Sätzen den eingeschobenen Nebensatz und schreibe die Sätze ab. Vergiss nicht, die Kommas zu setzen.

Auf diese Weise kann Wetterfühligkeit gemildert werden sofern man davon betroffen ist oder gar völlig beherrscht werden. Die Wetterberichte geben heute schon oftmals Hinweise die sich an Wetterfühlige richten und machen damit eine Art Vorsorge möglich.

Das Komma bei Nebensätzen verwenden

Ist ein Nebensatz dem Hauptsatz vorangestellt, dann prallen Verben aufeinander: das Verb/die Verben des ***Nebensatzes*** und das Verb des **Hauptsatzes**.

__Als__ er sein Geschenk __sieht__, *__macht__ er einen Freudensprung.*
Nebensatz — Hauptsatz

__Weil__ ich ihn __angestoßen hatte__, *__verschüttete__ er sein Getränk.*
Nebensatz — Hauptsatz

Zwischen dem Verb des Nebensatzes und dem Verb des Hauptsatzes steht ein Komma.

1 Bilde aus zwei Sätzen jeweils einen Neben- und Hauptsatz. Verwende die Konjunktionen. Markiere die Verben, die aufeinanderprallen. Setze die Kommas.

a) Du hast dir deine Hand gebrochen. Du musstest ins Krankenhaus.	**weil**
b) Ich hatte eigentlich keine Zeit. Ich wollte dich besuchen.	**obwohl**
c) Ich hatte dein Krankenzimmer endlich gefunden. Ich klopfte an.	**nachdem**
d) Ich trat ein. Du warst aber nicht da.	**als**
e) Ich sah aus dem Fenster. Ich bemerkte dich unten im Garten.	**wie**
f) Du konntest mich entdecken. Ich war schon unten bei dir.	**bevor**

2 Markiere in diesen Sätzen die Verben, die aufeinanderprallen. Setze das Komma ein.

a) Als ich auf dich zukam drehtest du mir den Rücken zu.
b) Nachdem ich mich angeschlichen hatte hielt ich dir von hinten die Augen zu.
c) Da du mich nicht gleich erkennen solltest flüsterte ich mit dir.
d) Dass du aber gleich meinen Namen nennen würdest hätte ich nicht gedacht.
e) Wenn man sich mal einen Spaß erlaubt muss es der andere denn gleich merken?
f) Wenn du erst ein wenig geraten hättest wäre ich nicht erstaunt gewesen.
g) Doch wenn man jemanden liebt kennt man eben auch seine Flüsterstimme.

Das Komma bei *dass-Sätzen* verwenden 1

Mit der Konjunktion ***dass*** werden Nebensätze eingeleitet. *Dass*-Sätze ergänzen etwas, was das Verb des Hauptsatzes fordert:
*Ich meine **(Was?)**, **dass** zu laute Musik dem Gehör schadet.*

1 Schreibe das folgende Gespräch auf. Bilde dabei dass-Sätze. Der fett gedruckte Satz soll als Nebensatz mit **dass** beginnen. Vergiss nicht, die Kommas zu setzen.

Sie: Wie findest du ... **Ich gehe für ein Jahr nach England.**

Wie findest du, dass ______

Er: Ich finde gar nicht gut ... **Ich soll dich dann ein Jahr nicht sehen?**

______

Sie: Wie würde es dir gefallen ... **Du kannst mich dort mal besuchen.**

______

Er: Ich bezweifle ... **Wirst du dich dort wohlfühlen?**

______

Sie: Natürlich glaube ich ... **Es wird mir dort gut gefallen.**

______

Er: Ich befürchte ... **Du wirst nach acht Tagen Heimweh bekommen.**

______

Sie: Ich hoffe doch sehr ... **Du wirst mir jede Woche schreiben.**

______

Er: Nein, eher denke ich ... **Ich werde dich jeden Tag anrufen.**

______

Sie: Ich finde es auch besser ... **Wir können miteinander reden.**

______

Das Komma bei *dass-Sätzen* verwenden 2

Die meisten *dass*-Sätze folgen auf **Verben des Denkens, Sagens und Fühlens**:
*Sie **fühlte**, dass das falsch war.*
Viele dieser Verben lassen sich auch nominalisieren:
*Sie **hatte das Gefühl**, dass das falsch war.*
In solchen Fällen hängen die *dass*-Sätze dann von Nomen ab, die aus Verben gebildet sind.
Häufige Nominalisierungen sind:
zur Einsicht kommen, die Hoffnung haben, der Ansicht sein, das Gefühl haben, die Idee haben, der Überzeugung sein, die Annahme vertreten, die Befürchtung haben/hegen, den Beschluss fassen, die Mitteilung machen, die Vermutung äußern, die Behauptung aufstellen, die Aussage machen/treffen, die Drohung aussprechen

1 Bilde *dass*-Sätze, bei denen aus den markierten Verben Nomen abgeleitet wurden. Verwende Beispiele aus dem Merkkasten. Vergiss nicht, das Komma vor den *dass*-Satz zu setzen.

Er **hoffte**, sie würde doch noch kommen.

Er hatte die Hoffnung, dass sie ______________________________

Er war fest davon **überzeugt**, sie habe ihn vergessen.

____

Er **befürchtete**, sie könne ihn belogen haben.

____

Dann **teilte** sie ihm **mit**, sie könnte nächste Woche kommen.

____

Er **vermutete**, das sei eine Ausrede.

____

Deswegen **beschloss** er, er sollte zu ihr fahren.

____

Dort **drohte** er, er würde sie verlassen.

____

Sie **fühlte**, das meinte er nicht ernst.

____

Am Ende **sahen** beide **ein**, sie sollten sich wieder vertragen.

____

Die Kommasetzung bei Nebensätzen begründen 1

Relativsätze werden durch ein Relativpronomen und andere Pronomen eingeleitet.
Die häufigsten von ihnen sind:
der, die, das, welcher, welches, was, wodurch, womit, ...

a) Relativsätze sind in der Regel einem Hauptsatz nachgestellt.
Dann wird der Hauptsatz vom Relativsatz durch ein Komma abgegrenzt:
*Ohne Chance war ein Insekt, **das** sich auf einer Blumennessel **niedergelassen hatte**.*

b) Relativsätze können aber auch in einen Hauptsatz eingeschoben sein. Dann wird der Relativsatz durch zwei Kommas („Doppelkomma") vom Hauptsatz abgegrenzt:
*Ein Insekt, **das** sich auf einer Blumennessel **niedergelassen hatte**, war ohne Chance.*

1 Lies dir den Text durch. Unterstreiche beim ersten Lesen die Relativsätze, die dir auffallen. Achte dabei auf die zwei „Signale" für Relativsätze.

Elefanten und Nashörner – Opfer von Wilderern

Zu Tausenden werden in Afrika jedes Jahr Elefanten und Nashörner gefunden die Opfer von Wilderern geworden sind. Ihre Stoßzähne und Hörner sind der Grund der zu ihrem sinnlosen Töten führt. Das Horn von Nashörnern das auf dem Schwarzmarkt in Vietnam für 50000 Dollar gehandelt wird wird in diesem Land in Pulverform als Wundermittel gegen alle möglichen Erkrankungen verkauft. Elfenbein dagegen ist z.B. in China ein Statussymbol das dem Besitzer Ansehen verschaffen soll. Tierschützer sprechen beim massenhaften Abschlachten von Elefanten und Nashörnern sogar vom größten Massensterben welches es nach dem Aussterben der Dinosaurier gegeben hat. Viele afrikanische Länder setzen daher zum Schutz der Tiere Wildhüter ein die jedoch gegen die skrupellosen Schlächter wenig ausrichten können. Die Gebiete die von ihnen kontrolliert werden müssen sind einfach zu groß.

2 Kontrolliere den Text nun noch einmal. Er enthält sieben Relativsätze. Setze nun alle Kommas.

3 Im Text oben und in der Fortsetzung unten sind drei Relativsätze in den Hauptsatz eingeschoben. Markiere sie besonders. Beachte dabei, dass eingeschobene Relativsätze durch ein Doppelkomma abgegrenzt werden.

4 Schreibe die folgenden Sätze ab und setze die fehlenden drei Kommas.

Modernes Material wie Funk- und Nachtsichtgeräte das bei der Überwachung helfen könnte ist oft nicht vorhanden. Das Überleben der beiden Tierarten erfordert dringend eine Reaktion welche international und nicht nur national sein muss.

Die Kommasetzung bei Nebensätzen begründen 2

Signale für Nebensätze sind **Konjunktionen** wie
als, während, weil, wenn, da, dass, sodass, nachdem, ob, obwohl, bevor, …
und **Relativpronomen**.

a) Nebensätze können den Hauptsätzen vorangestellt sein:
__Wenn__ ein Hund kläfft, dann kläffen sie alle.

b) Nebensätze können den Hauptsätzen nachgestellt sein:
Lass die Hunde ruhig bellen, __wenn__ sie nur nicht beißen!

c) Und sie können in die Hauptsätze eingeschoben sein:
Viele Hunde beginnen, __wenn__ sie sich freuen, vor Überschwang zu bellen.

1 Wie gehst du am besten vor, wenn du die Kommas sicher einsetzen willst – und dabei noch dazu Einsicht in die Kommasetzung überhaupt gewinnen möchtest?
- Suche zuerst die „Signalwörter" der Relativpronomen und Konjunktionen und markiere sie.
- Schaue von da an nach, wie weit der Nebensatz reicht (also bis zum flektierten Verb).
- Unterstreiche dann die Nebensätze und setze die Kommas.

Karnivoren: fleischfressende Pflanzen

(1 a) Während die meisten Pflanzen die lebenswichtigen Mineralstoffe über ihre Wurzeln aus der Erde gewinnen ernähren sich fleischfressende Pflanzen von tierischem Eiweiß. (2__) Weil sie an nährstoffarmen Standorten wie Felsen und Mooren wachsen sind sie auf besondere Nahrungsquellen angewiesen. (3__) Manche Karnivoren fangen Insekten auf ihren klebrigen Blättern während andere sie in eine Art Röhre mit wachsartigem Rand in die Falle locken. (4__) Wieder andere besitzen Fangarme die ein Insekt umschließen. (5__) Zu den Karnivoren die noch in unseren Gegenden wachsen gehört der Sonnentau. (6__) Diese Pflanze besitzt löffelförmige Blätter die mit roten Fangarmen besetzt sind. (7__) Wenn sich eine Fliege auf einem Sonnentaublatt niedergelassen hat wird sie von den klebrigen Fangarmen umschlossen und regelrecht festgeleimt. (8__) Da sich die Fliege auf ihrem klebrigen Untergrund heftig bewegt verfängt sie sich immer mehr in den Fangarmen des Sonnentaus. (9__) Der gefangene Leckerbissen wird dann so von dem Blatt verhüllt dass er für hungrige Vögel unsichtbar ist. (10__) Verdauungssäfte umspülen das Insekt sodass sich sein Inneres allmählich auflöst. (11__) Die Fangarme richten sich nachdem die tierischen Nahrungsstoffe über das Blatt der Pflanze zugeführt worden sind wieder auf. (12__) Sie geben den ausgehöhlten Panzer des Insekts frei der dann vom Wind davongeblasen wird.

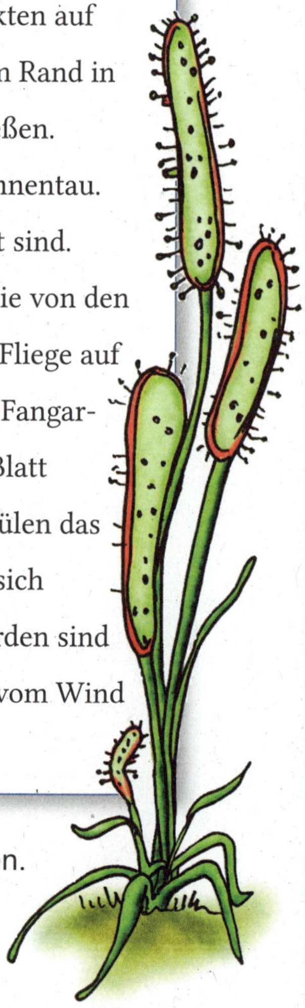

2 Schreibe hinter die Satzziffer die Regel: *a*, *b* oder *c* aus dem Merkkasten oben.

Das Komma bei Infinitivgruppen setzen

Infinitivgruppen mit ***zu*** können durch Komma vom Hauptsatz abgegrenzt werden:
*Sie weigerte sich**(,)** uns dabei **zu** helfen.*

Wird aber eine Infinitivgruppe mit ***als zu, (an)statt zu, ohne zu, um zu, außer zu*** gebildet, wird sie immer durch Komma abgegrenzt:
*Du könntest anrufen, **anstatt zu** schreiben. – Sie faxte, **um** ihn ein**zu**laden.*
Diese Infinitivgruppen können aber auch vor dem Hauptsatz stehen oder in ihn eingeschoben sein:
***Anstatt zu** schreiben, könntest du anrufen. Du könntest, **anstatt zu** schreiben,* anrufen.

1 Markiere zuerst die Signalwörter der Infinitivgruppen.
Setze in die folgenden Sätze die Kommas ein. Du kannst in jeden Satz ein Komma einfügen, doch dreimal musst du es nicht. Unterstreiche jeweils die Infinitivgruppe.

a) Sie bereitete sich gut vor, um morgen ihre Aufgaben erfüllen zu können.
b) Sie hatte sich vorgenommen in dem Test gut abzuschneiden.
c) Mit ihrer Freundin hatte sie lieber geübt als mit ihr Tennis zu spielen.
d) Außer ein paar Äpfel zu essen blieben die beiden bei ihren Vorbereitungen.
e) Sie ließen sich um zu üben durch nichts abhalten.
f) Doch dann kam doch einer um sie zu stören.
g) Der hatte sich offenbar vorgenommen ihre Arbeit zu unterbrechen.
h) Der Kater Felix strich um auf sich aufmerksam zu machen ständig um ihre Beine.
i) Ohne die Arbeit der beiden zu respektieren machte er sich an sie heran.
j) Da mussten die beiden anstatt ihrer Arbeit nachzugehen mit ihm spielen.
k) Sie nahmen sich vor ihre Arbeit zu unterbrechen.

Es gibt Infinitivgruppen, die sollte man auf jeden Fall durch ein Komma abgrenzen, weil sonst Missverständnisse beim Lesen entstehen könnten. Denn manchmal bedeutet es etwas ganz und gar anderes, wenn ein Komma nach diesem oder jenem Wort gesetzt wird. Der Leser möchte aber wissen, wie du deinen Satz gemeint hast,
- so: *Sie versprach ihrer Freundin, bei der Arbeit zu helfen.*
- oder so: *Sie versprach, ihrer Freundin bei der Arbeit zu helfen.*

2 Setze in den folgenden Satzpaaren die Kommas an zwei verschiedenen Stellen ein, um deutlich zu machen, wie sie jeweils gemeint sein könnte.

a) Ich riet ihm nicht die Treppe zu benutzen.
Ich riet ihm nicht die Treppe zu benutzen.
b) Sie versprach ihrem Freund einen Brief zu schreiben.
Sie versprach ihrem Freund einen Brief zu schreiben.
c) Probiere nicht die Augen beim Tauchen zu öffnen.
Probiere nicht die Augen beim Tauchen zu öffnen.

Die Zeichen der wörtlichen Rede 1

Der **Redesatz** wird in **Anführungszeichen** gesetzt.
Punkt, Frage- und **Ausrufezeichen** gehören zum Redesatz:
„Ich habe mich schwer in dir getäuscht!“

Der **Begleitsatz** kann **vor dem Redesatz** stehen.
In diesem Fall eröffnet er die Rede mit einem **Doppelpunkt**:
Sie sagte: *„Ich habe mich schwer in dir getäuscht!“*

Der **Begleitsatz** kann **nach dem Redesatz** stehen.
In diesem Fall wird der Begleitsatz durch ein **Komma** vom Redesatz abgetrennt – und es wird klein weitergeschrieben. Das **Komma** steht **nach** dem Anführungszeichen!
„Ich habe mich schwer in dir getäuscht!“, sagte sie.
Bei einem **Aussagesatz entfällt der Punkt** am Ende des Redesatzes:
„Ich kann heute nicht kommen (kein Punkt!)“, ***sagte sie.***

Der **Begleitsatz** kann auch **in den Redesatz eingefügt** sein.
In diesem Fall wird der Begleitsatz am Anfang und Ende **durch Kommas abgegrenzt**:
„Ich habe mich“, ***sagte sie***, *„schwer in dir getäuscht!“*

1 Unterstreiche im folgenden Witz zuerst die Redesätze.

2 Setze dann Frage- oder Ausrufezeichen und die Anführungszeichen ein.

3 Setze die Doppelpunkte oder grenze Rede- und Begleitsätze durch Kommas ab.

Witz 1
Ein Mann kauft einen Papagei. Kann er auch sprechen will der Mann wissen. Der Verkäufer beteuert Natürlich Zu Hause versucht es der Mann aber lange vergebens. Hallo, hallo ruft er dem Papagei immer wieder zu. Der hört sich das eine Zeit lang an, bis es ihm zu bunt wird. Dann krächzt er Sie haben sich verwählt

4 Schreibe den folgenden Witz mit allen Zeichen der wörtlichen Rede richtig auf.

Witz 2
Das Telefon läutet. Der Hund hebt ab und meldet sich Wau Bitte fragt die Stimme am anderen Ende der Leitung. Wau wiederholt der Hund etwas lauter. Wer ist dort ruft die Stimme. Wau mit W wie Wilhelm sagt der Hund mit A wie Anton und mit U wie Ulrich.

Die Zeichen der wörtlichen Rede 2

In den folgenden Text sollst du die Zeichen der wörtlichen Rede einsetzen – und alle weiteren Satzzeichen, die fehlen.
Und wie gehst du am besten vor?

1 Markiere zuerst die Redesätze.

2 Danach setzt du in die Redesätze die Satzschlusszeichen ein:
die fehlenden Punkte, Frage- oder Ausrufezeichen.

3 Dann setzt du die Anführungszeichen zu Beginn und am Ende der Redesätze.
Beachte: Zwischen Redesatz und nachgestelltem Begleitsatz steht immer ein Komma!

John und Eliza

John trifft Eliza in der Stadt.
Was sehe ich ruft er Du isst einen Hamburger
Den habe ich mir eben sagt sie hier am Kiosk gekauft
Das wundert mich aber doch sehr sagt er
denn andere warnst du vor Hamburgern,
und du ziehst dir selbst einen rein
John gebärdet sich, als habe er Eliza bei einer Untat ertappt.

4 Schreibe diesen Teil mit allen Zeichen der wörtlichen Rede richtig auf.

Nicht zu fassen stöhnt er.
Aber das ist lacht Eliza
ein vegetarischer Hamburger
John schüttelt den Kopf.
Dann ist´s ja gut sagt er ich dachte schon ...
Was fragt sie.
Dass du ... fängt er an.
Aber er spricht nicht weiter.
Tschüss ruft er – und geht weiter.

Übungen

1 Im folgenden Gespräch fehlen die meisten Kommas und alle Zeichen der wörtlichen Rede. Markiere die Redesätze. Schreibe dann den Text mit allen Satzzeichen auf.

Weder böse noch gut

Paula und Paul schauten auf das Dach hinauf.
„Sieh dir das an!“, rief Paula „Da sitzt ein Kater mit einem Vogel im Maul.“
Na und fragte Paul. Paula rief Sieh doch wie böse der guckt
Paul erwiderte Ich finde dass der sich freut. Der arme Vogel rief Paula.
Paul meinte So geht es halt in der Natur zu.
Man müsste dem Kater sagte Paula ein Glöckchen umhängen damit ihn die Vögel hören. Paul lachte Und der Kater hätte dann nichts zu fressen
Dieser Kater stellte er fest hatte jedenfalls Erfolg.
Wenn man jemanden umbringt dann ist das kein Erfolg protestierte Paula.
Paul meinte Aber Kater sind keine Menschen. Vögel fangen gehört zu ihrer Natur.
Paula sagte Die Natur ist böse. Die Natur ist weder böse noch gut sagte Paul und dann ging er weg.

Paula und Paul

Überprüfe dich selbst

1 Welche der folgenden Aussagen sind richtig? Kreuze an. ◯

☐ Bei Aufzählungen, die aus Wortgruppen oder Sätzen bestehen, wird kein Komma gesetzt.

☐ Wenn zwischen Aufzählungen *aber* oder *jedoch* steht, muss ein Komma gesetzt werden.

☐ Werden zwei Hauptsätze mit *und* verbunden, muss in der Regel kein Komma stehen.

☐ Nebensätze können Hauptsätzen nur voran- oder nachgestellt sein.

☐ Relativsätze werden immer durch eine Konjunktion eingeleitet.

☐ Wird eine Infinitivgruppe mit *um* zu eingeleitet, dann wird sie durch ein Komma abgegrenzt.

2 *Die Trickbetrüger rannten zu einem Auto, das vor dem Geschäft wartete, und brausten davon.* ◯

Vor dem „und" steht in diesem Satz ein Komma, weil ______________________

____

3 *Als er das Ergebnis seines Tests erfuhr, verschlug es ihm die Sprache.* ◯

Dass zwischen „erfuhr" und „verschlug" ein Komma stehen muss, erkennt man daran,

dass ____

4 Setze im folgenden Text die fehlenden Kommas. ◯

Erfolgreiche Tarnung
Die Natur versieht viele Beutetiere mit besonderen Tarnkleidern die sie im täglichen Überlebenskampf vor ihren Jägern schützen sollen. Allerdings sind auch diese häufig nur schwer zu erkennen weil auch sie sich dem Lebensraum angepasst haben. Wenn sich Tiere durch ihre Körperoberfläche dem Lebensraum durch Farbe und Muster angenähert haben sind sie kaum auszumachen. So ist etwa das weiße Fell des Eisbären eine perfekte Tarnung um sich im Schnee der Arktis an die Beute heranzuschleichen. Doch gerade dieses Beispiel zeigt auch dass diese Tarnung nur hilft wenn die natürlichen Voraussetzungen sich nicht verändern. Die Tarnung des Eisbären ist deshalb so gelungen weil sich ihre Fellfarbe der Schneelandschaft angepasst hat. Die globale Klimaveränderung hat zur Folge dass die schneebedeckten Beutegebiete des mächtigen Kolosses immer kleiner werden. Wenn aber der Schnee fehlt wird dem Raubtier die Tarnung genommen.

Schwere Wörter kennen und richtig schreiben

verlockend Feedback originell Affäre festbeißen Komplikation
direkt Rhythmus Pullover Orchester System Kapuze Leichtathletik
totlachen auseinanderbrechen Atmosphäre gegen Morgen Vielfalt
viel Interessantes Zustände Seeelefant Strafprozessordnung
Abfuhr Belästigung zusammengewachsen Ärzte getrennt
Symbolleiste Chronik Konkurrenz Charme das Ganze Chaos

1 Alle Wörter im Kasten findest du auch in diesem Heft. Die meisten hast du sogar schon geschrieben. Doch beherrscht du ihre Schreibung auch sicher?
Markiere zuerst einmal zehn Wörter, die du für schwer hältst und die du vielleicht falsch geschrieben hättest.

2 Schreibe diese Wörter auf. Ordne sie dabei alphabetisch.

3 Schreibe fünf Beispiele aus dem Kasten auf, die kleingeschrieben werden, und fünf Beispiele, die großgeschrieben werden. Verwende dabei möglichst keine Wörter, die du auch schon in der Aufgabe 2 aufgeschrieben hast.

4 Schreibe nun alle Wörter auf, die du in Aufgabe 2 und 3 noch nicht verwendet hast. Ordne sie dabei nach ihrer Wortlänge.

Stratego 9

Lösungen

ISBN 978-3-14-124069-8

Seite 4

1 ver-lo-ckend, faust-groß, phan-tas-tisch, he-rum-trei-ben/ her-um-trei-ben, pus-ten, Mond-fins-ter-nis, Seil-ar-tist, ver-tu-schen, Un-ter-richt, Uran

2 Treffen sich ein Thunfisch und ein Walfisch zum Spielen. „Was", fragt der Walfisch, „sollen wir tun, Fisch?" „Du hast die Wahl, Fisch", antwortet der Thunfisch.

3 Wenn der Mond auf seiner Umlaufbahn in den Erdschatten eintaucht, verdunkelt er sich. Man sieht ihn aber trotzdem am Himmel, denn er verfärbt sich rötlich-braun. Das passiert, weil das Licht der Sonne von der Atmosphäre der Erde gefiltert wird. Das ist die Gashülle, die unseren Planeten umgibt. Manche Leute nennen so einen rötlichen Mond auch Blutmond. Und wenn er dann auch noch sehr groß ist, weil er sehr nah an der Erde steht, dann spricht man von einer ganz besonderen Mondfinsternis.

4 Beim Verhandeln muss man sich oft entgegenkommen. / Sie musste die Vokabeln für den Unterricht auswendig lernen. / Beim Radfahren hatte er sich verletzt. / Sie hätte das ausgeliehene Buch gerne wiederbekommen.

5 Sie hatte die Aufgabe im Wesentlichen verstanden. / Erst gegen Morgen fand er in den Schlaf. / Weil sie noch Zeit hatten, machten sie noch einen kleinen Umweg. / Er wurde für sein Sparen mit einem Gutschein belohnt. / Sie traute sich vor lauter Angst nicht zu springen.

Seite 5

2 **Neue Wirkstoffe aus dem Meer** Ein Gewebekleber, der mit Extrakten von Miesmuscheln hergestellt wurde, verspricht völlig neue **Möglichkeiten** in der **Medizin.** Wissenschaftler selektierten die Substanz, mit deren Hilfe sich die Muscheln auf Unterlagen wie Holz extrem **festsetzen** können. **Vernetzt** mit einem Enzym, das mit gentechnisch veränderten **Mikroorganismen** hergestellt wird, entstand ein Gewebekleber, mit dem kleinste **Knochensplitter** wieder angesetzt werden könnten. Das **wäre** für die Wundbehandlung eine spektakuläre Erkenntnis. In **Tierexperimenten** bedeckten Forscher eine **blutende** Wunde an der Leber eines Meerschweinchens mit einer **Folie** aus Zellstoff, die zuvor mit einem Granulat des neuen Wirkstoffs **getränkt** worden war. Die Wunde schloss sich nach sehr kurzer Zeit. Ein sensationelles Forschungsergebnis!

3 siehe Wörterliste

Seite 6

1 toternst, todernst / nebelig, nebelich / schämte, schähmte

2 tot, Tote, sich totlachen, toter Mann, aber: der Tod, Todesangst, todmüde, ... / der Nebel, nebelhaft / sich schämen, die Scham

3 Die Wörter schreibt man so: *todernst,* weil *tod* mit einem Adjektiv zusammengesetzt ist wie *todunglücklich, todmüde, ... / nebelig,* weil das l zu *Nebel* gehört / *schämte,* weil nach *sch* nie ein Dehnungs-h stehen kann.

4 todernst, nebelig, schämte

Seite 7

1 Naht, Nat / gefährdet, gefärdet / blässlich, blässlich, bläslich

2 Naht, nähen / gefährdet, Gefahr, gefährlich / blässlich, blass, erblassen

3 *Naht*: weil es von *nähen* kommt / *gefährdet*, weil es von *Gefahr* kommt / *blässlich,* weil es von *blass, blasse* kommt.

Seite 8

1 **Die Erdbebenhauptstadt der Welt** Im Südosten von San Franzisco liegt die Stadt Hollister, die sich mit **Stolz** die Erdbebenhauptstadt der Welt nennt. Hollister liegt in einer **Verwerfungsspalte**, in der Spannungen im Erdinneren jährlich mehrere hundert Male zu Erdstößen führen. Dadurch können Risse in der **Erdoberfläche**, in Straßen und **Gebäuden** entstehen. Die Einwohner haben gelernt, mit den tagtäglich auftretenden kleineren und größeren Erschütterungen zu leben. Wenn jedoch ein **Beben** mit der **Stärke** 5 der Erdbebenskala die Erde schwanken lässt und sich lange Erdspalten auftun, besteht die **Angst** vor einer erneuten **Katastrophe.** Doch die meisten Leute hoffen, dass die Spannungen in der **Verwerfung** durch die vielen kleinen **Beben ständig** abgebaut werden.

2 Groß- und Kleinschreibung, *e* oder *ä*.

Seite 9

1 **Rücksicht auf Nichtraucher** Zahlreiche Wissenschaftler haben nachgewiesen, dass auch Nichtraucher beim **Mitrauchen Gesundheitsschäden** davontragen können. Das **Recht** der Raucher auf ungestörten Rauchgenuss endet also **entsprechend** dem **Grundgesetz** beim „Recht auf körperliche Unversehrtheit". Der Nichtraucher hat ein Anrecht darauf, dass seine Gesundheit nicht durch **Rauchen gefährdet** wird. In öffentlichen **Räumen** ist darum das Rauchen nicht **erlaubt.** Am Arbeitsplatz, in Gaststätten, auf Bahnhöfen, im Kino und an vielen anderen Orten gilt ein strenges **Rauchverbot.** Häufig sind jedoch spezielle Raucherecken oder Raucherzimmer vorgesehen. In privaten Räumlichkeiten allerdings bedarf es noch guter **Absprachen,** damit sich niemand durch störenden Tabaksqualm belästigt fühlt.

2 Nomen mit Signalwort: beim Mitrauchen, das Recht, seine Gesundheit, durch Rauchen, ein strenges Rauchverbot, guter Absprachen / Fehlerwörter mit Ableitungsformen: Gesundheitsschäden - Schaden, entsprechend - entsprechende, Grundgesetz - Gründe, gefährdet - Gefahr, Räumen - Raum, erlaubt - erlauben

Seite 10

2 und 3 siehe Wörterliste

5 Dämm-Matte, Werkstoff-Forschung, See-Elefant, Stress-Situation, Stamm-Mannschaft, Schritt-Tempo, Fall-Linie

Seite 11

1 **Mädels – macht mobil!** Da möchte man mit seinen Freundinnen einen Sommerabend an der **Uferpromenade** genießen, und schon wird man von jungen Männern mit Blicken **abgecheckt** und angequatscht! Diese Jungen **präsentieren** sich auf diese Art und Weise sehr schlecht und **blamieren** sich außerdem noch. Da ihre Anmache nichts anderes als **Imponiergehabe** ist, **riskieren** sie eine Abfuhr. Auch abends im **Club** wird jungen Frauen einiges zugemutet. Es werden **Laserstrahlen** auf sie gerichtet, die bevorzugt an bestimmten Stellen stehen bleiben. Das ist **sexuelle** Belästigung, die in den letzten Jahren **salonfähig** wurde. Stellt man den Täter zur Rede, kommt die **Standardausrede**: „Sie war **provozierend** angezogen." Und so zieht er sich aus der **Affäre.** Gibt es denn keine **originellen** Anmachen, die ein Mädchenherz zum Schmelzen bringen?

2 Salon, Affäre, sexuell, präsentieren, originell, Promenade, riskieren, imponieren, provozieren, Laser, blamieren, Standard, checken, Club

Seite 12
1 und 2 siehe Wörterliste

Seite 15
1 und 2 siehe Wörterliste

Seite 16
1 Adjektive: biegsamen, langen / Verben: annehmen, sitzen
2 Adjektive: dem Grün, nichts Ungewöhnliches, nichts Hektisches, etwas Besonderes, die Ahnungslosen / Verben: das Anpassen, einem Aussehen, das Festhalten, das Tarnen, beim Klettern, beim Betrachten

Seite 17
1 Neun nominalisierte Verben: beim Einkaufen, zum Verfeinern, das Kochen, das Garen, das Überstreuen, zum Explodieren, zum Entfalten, dem Zubereiten, das sorgfältige Abbürsten / vier nominalisierte Adjektive: nichts Besonderes, das Außergewöhnliche, etwas Sagenhaftes, nichts Ungewöhnliches

Seite 18
1 nominalisierte Verben: das Suchen, das Entdecken, zum Suchen, durch Betrachten, durch Schnüffeln, ihrem Suchen, das Transportieren, beim genüsslichen Fressen

Seite 19
2 siehe Wörterliste

Seite 20
1 etwas Besonderes, des Fischens, zum Staunen, etwas Außergewöhnliches, beim Jagen, beim Fischen, etwas Geniales
2 Nominalisierte Verben: beim Durchpflügen, das Aufpicken / Nominalisierte Adjektive: das Erstaunliche, im Trüben

Seite 21
1 Präpositionen mit verstecktem Artikel sind Signalwörter für nominalisierte Verben und Adjektive. / Adjektive verändern ihre Form bei der Nominalisierung.
2 Vom Tauchen in gechlortem Wasser bekomme ich ganz gerötete Augen.
3 Es ist nichts Ungewöhnliches, dass die Aufgaben in der Mathematikarbeit nicht von allen Schülerinnen und Schülern gelöst werden.
4 ein Entrinnen, beim Trinken, nichts Ungewöhnliches, ihre Jungen

Seite 22
1 Ich sehe dich <u>so bald</u> nicht wieder. / Ich komme, <u>sobald</u> ich kann / <u>Soviel</u> ich gehörter habe, fällt die letzte Stunde aus. / Ich habe <u>so viel</u> gelernt – und doch keine Zwei geschrieben. / Wir haben eine Menge Geld gespart, <u>indem</u> wir viel selbst gemacht haben. / Es herrschte eine große Dunkelheit <u>in dem</u> Keller. / Alina kam erst <u>nach dem</u> Klingelzeichen zum Unterricht. / Paul kam erst in die Klasse, <u>nachdem</u> es geläutet hatte. / Ich habe dich <u>so lange</u> nicht gesehen! / Er wartete auf sie, <u>solange</u> er konnte. / <u>Seit dem</u> letzten Frühjahr ist er wieder auf Tournee. / Seine musikalische Vielfalt beweist er, <u>seitdem</u> er auch Jazzmusik spielt. / Die Kinderzeit liegt schon <u>so fern</u>. / <u>Sofern</u> nichts dazwischenkommt, komme ich euch besuchen. / Sie wird kommen, <u>sowie</u> sie fertig ist. / Wir machen das <u>so wie</u> immer. / Ich habe schon <u>so oft</u> Tischtennis gespielt; doch <u>sooft</u> ich gespielt habe, eine solche Klatsche habe ich noch nicht eingesteckt.

Seite 23
so/viel: Im Internet kann man *<u>so viel</u>* Interessantes über dieses Thema finden. / *<u>Soviel</u>* ich weiß, muss man die Informationen genau überprüfen. / Ich bin sicher, dass ich *<u>so bald</u>* nicht wieder ins Stadion gehen werde.
so/wie: *<u>So wie</u>* dieses arme Mädchen möchte ich nicht leben. / *<u>Sowie</u>* ich einmal eine solche Situation komme, nehme ich Reißaus.
so/sehr: Er bemühte sich *<u>so sehr</u>*, ein Tor zu schießen. / Doch *<u>sosehr</u>* er rannte und ackerte, er bekam keinen Ball zugespielt.
so/weit: *<u>Soweit</u>* ich Mary kenne, meint sie es mit ihren Bemerkungen ernst; doch *<u>so weit</u>* wie sie würde ich nicht gehen.

Seite 24
1 a) zusammentragen, b) zusammentragen, c) zusammen nehmen, d) zusammennehmen,e) zusammen gelaufen, f) zusammengelaufen, g) zusammen suchen, h) zusammensuchen

Seite 25
1 a) dabei stehen, b) dabeistehen, c) dableiben, d) da bleiben, e) davongetragen, f) davon tragen, g) wieder holen, h) wiederholen, i) davongekommen, j) davon gekommen, k) dahintergekommen, l) dahinter gekommen

Seite 26
1 Manchmal ist es wie verhext: Da wird alles über Wochen **vorhergeplant**, und dann kommt alles anders. So war es auch bei unserer Klassenfahrt. Noch am Abend vorher war etwas Unvorhergesehenes **dazwischengekommen**: Unser Klassenlehrer hatte sich **krankgemeldet**. Er hatte eine Grippe **davongetragen**. Die Frage hieß nun: Wie soll es mit unserer Klassenfahrt **weitergehen**? Ohne einen Erwachsenen müssten wir alle **dableiben**. Also E-Mails an alle: Wir sollten alle auf Florians Hof **zusammenkommen**. Manche waren einzeln eingetrudelt, die Neustädter Schüler waren aber **zusammen gekommen**. Einer sagte: „Das war ja **vorherzusehen**, dass noch was **dazwischenkommt**." Eine andere sagte: „Das hätte ich euch **voraussagen** können." Was sollten wir also machen? Wie sollte das Ganze **weitergehen**? Es war das blanke Chaos. Alle mussten sie **durcheinanderreden**. Da ist plötzlich Florians Vater **dazugekommen**. Ich **wiederholte** die wichtigsten Infos. Florians Vater, der selbst Lehrer an unserer Schule ist, sagte: „Lasst uns **zusammen überlegen**, was wir tun könnten. Vielleicht kann ich ja die Begleitung übernehmen. Am Ende ist tatsächlich alles **gutgegangen / gut gegangen**.

Seite 27
1 a) wohl fühlen, b) wohlfühlen, c) freikaufen, d) freier fühlen, e) freihalten, f) krumm dasitzen, g) krummlachen, h) wichtigtun

Seite 28
1 a) zusammengehalten, b) kaltgestellt, c) auseinandergehen, d) lang hinziehen, e) todlangweilig, f) festbinden, g) langgemacht / lang gemacht, h) gehenlassen, i) kaltgelassen, j) festmachen, k) fest anbinden, l) auseinanderreißt, m) das Zusammenarbeiten, n) zusammenhalten, o) auseinandersetzen, p) auseinander setzen

Seite 30
1 Seite 22: **Seit dem** letzten Wochenende habe ich einen Wecker. / **Seitdem** ich einen Wecker habe, wache ich morgens rechtzeitig auf.
Seite 23: **Soviel** ich weiß, kommst du morgen zu mir. / **So viel** ist sicher: Du kommst morgen zu mir. / Ich habe dir nämlich *so viel* zu sagen.
Seite 24: **Zusammen halten** wir den ersten Platz in der Kreisklasse. / **Zusammenhalten** mussten wir bei jedem Spiel aufs Neue. / Wir haben uns versprochen, immer **zusammenzuhalten**.
Seite 25: Ich kann leider nicht länger **dableiben**. / Du musst leider **da bleiben**, wo du bist.
Seite 26: **Soweit** ich das einschätzen kann, hast du nicht die Wahrheit gesagt. / *So weit* würde ich aber nicht gehen, dass du gelogen hast. / Ich wandere, **so weit** mich meine Füße tragen.
Seite 27: Du solltest nicht jeden Tag drei Stunden lang **fernsehen**! / Mit diesem Fernglas kann man sehr **fern sehen**.
Seite 28: Du musst das Boot mit dem Tau **festbinden**! / Nein, du musst es noch **fester binden**! / Du musst es richtig am Steg **fest anbinden**!

Seite 46

1 Weder böse noch gut Paula und Paul schauten auf das Dach hinauf. „Sieh dir das an!", rief Paula „Da sitzt ein Kater mit einem Vogel im Maul." „Na und?", fragte Paul. Paula rief: „Sieh doch wie böse der guckt!" Paul erwiderte: „Ich finde; dass der sich freut." „Der arme Vogel!", rief Paula. Paul meinte: „So geht es halt in der Natur zu." „Man müsste dem Kater", sagte Paula, „ein Glöckchen umhängen, damit ihn die Vögel hören." Paul lachte: „Und der Kater hätte dann nichts zu fressen!" „Dieser Kater", stellte er fest, „hatte jedenfalls Erfolg." „Wenn man jemanden umbringt, dann ist das kein Erfolg!", protestierte Paula. Paul meinte: „Aber Kater sind keine Menschen. Vögel fangen gehört zu ihrer Natur." Paula sagte: „Die Natur ist böse." „Die Natur ist weder böse noch gut", sagte Paul, und dann ging er weg.

Seite 47

1 Wenn zwischen Aufzählungen aber oder jedoch steht, muss ein Komma gesetzt werden. / Werden zwei Hauptsätze mit *und* verbunden, muss in der Regel kein Komma stehen. / Wird eine Infinitivgruppe mit *um zu* eingeleitet, dann wird sie durch ein Komma abgegrenzt.

2 Vor dem *und* steht in diesem Satz ein Komma, weil davor ein eingeschobener Nebensatz steht, der durch ein Doppelkomma abgetrennt werden muss.

3 Dass zwischen *erfuhr* und *verschlug* ein Komma stehen muss, erkennt man daran, dass zwei Verben, das Verb des Nebensatzes und das Verb des Hauptsatzes, an dieser Stelle aufeinanderprallen.

4 Erfolgreiche Tarnung Die Natur versieht viele Beutetiere mit besonderen Tarnkleidern, die sie im täglichen Überlebenskampf vor ihren Jägern schützen sollen. Allerdings sind auch diese häufig nur schwer zu erkennen, weil auch sie sich dem Lebensraum angepasst haben. Wenn sich Tiere durch ihre Körperoberfläche dem Lebensraum durch Farbe und Muster angenähert haben, sind sie kaum auszumachen. So ist etwa das weiße Fell des Eisbären eine perfekte Tarnung, um sich im Schnee der Arktis an die Beute heranzuschleichen. Doch gerade dieses Beispiel zeigt auch, dass diese Tarnung nur hilft, wenn die natürlichen Voraussetzungen sich nicht verändern. Die Tarnung des Eisbären ist deshalb so gelungen, weil sich ihre Fellfarbe der Schneelandschaft angepasst hat. Die globale Klimaveränderung hat zur Folge, dass die schneebedeckten Beutegebiete des mächtigen Kolosses immer kleiner werden. Wenn aber der Schnee fehlt, wird dem Raubtier die Tarnung genommen.

Seite 31

1 **Stadtmarathon** Am letzten Wochenende ist auf dem Marktplatz eine große Menschenmenge **zusammengekommen**. Das Publikum schaute zu, wie die Läufer der beiden Stadtvereine und die aus der Partnerstadt Basel den Marathon **zusammen gelaufen** sind. Es waren an die dreihundert Frauen und Männer, die an diesem Ereignis **teilgenommen** haben. Spannend war es vor allem, dass die Stadtvereine Arminia und Concordia zum **ersten Mal aufeinandergetroffen** sind. Sie wollten sich im Wettkampf mit den Läufern der Partnerstadt **auseinandersetzen**. Es gab einen überaus spannenden Kampf, in dem Xaver Meier bei den Männern den Sieg **davontrug**. Bei den Frauen hat Miriam Morg alle anderen Läuferinnen geradezu **kaltgestellt, indem** sie mit fast einer Minute Vorsprung gewann. Das Ereignis wurde jedoch von einem Unfall überschattet, als einer der Läufer von Arminia **zusammengeklappt** ist und in eine Klinik gebracht werden musste. Wie es **dazu gekommen** ist, konnten die Ärzte bisher noch nicht **feststellen. Nachdem** die Wettkämpfe beendet waren, haben die Schweizer mit ihren deutschen Freunden **zusammen gefeiert**. Auf dieser Feier sollten sich die Gäste bei ihren Gastgebern noch einmal so richtig **wohlfühlen**.

Seite 32

1 Ich kann euch etwas zum Kauf **anbieten**. / Da sollte man doch **toleranter** sein. / Lasst das bitte mit euren **Sticheleien**! / Ich kann mich noch so anstrengen, es **gelingt** mir nichts. / Ich finde, was du schreibst, ist nicht **legitim**. / Auf meinen Vater kann ich richtig **stolz** sein. / Tut mir leid, **im Moment** habe ich keine Zeit dazu. / Unser Ausflug nach Köln war sehr **erlebnisreich**. / Man kann **am Ende** doch niemandem helfen. / Wir machen uns **zunehmend** Gedanken über dich. / So eine Gemeinheit werde ich nicht **widerspruchslos** hinnehmen. / Bei euren Anschuldigungen kriege ich echt ein **mulmiges Gefühl**. / Diese Beleidigung hat lange an mir **genagt**. / Von einer Beleidigung kann man wohl hier nicht **reden**. / Er fragte: „Was sagst **du** dazu?" / Es ist das **erste Mal**, dass ich so etwas höre. / Was du geschrieben hast, hört sich echt **seltsam** an. / Bei uns kommt so etwas **öfter** vor. / Mit meiner Geduld bin ich jetzt wirklich **randvoll**.

Seite 33

1 Die fett gedruckten Wörter sind im Text falsch getrennt: **Buch-eckern, Wildschwein-ebern**, Schad-erreger, Schnee-flocken, **Sechs-ecken, Hoch-ebene, Stimmen-echo, piep-egal, Viel-ehe, Kinder-elend, Massen-emigration, Menschen-ewigkeit, Vulkan-eruptionen**, erschüt-tern, **Bleistift-etui, Namens-etikett**, Mittag-essens, **Fern-sehen**, Profi-tennisspiele, **Menthol-zigaretten, Solar-energie, Sonn-abende, Insek-tengel/Insekten-gel**, Ur-instinkt, **Pop-ikonen**

Seite 34

1 Amseln, Drosseln, Finken, Stare spüren nichts. Der tödliche Strom einer Hochspannungsleitung könnte ihnen durch Krallen, Beine, Körper fließen. Er nimmt jedoch den Weg des geringsten Widerstandes. Den bietet die Leitung selbst. Zum tödlichen Verhängnis kann dagegen der Strom Großvögeln werden, z. B. Störchen, Bussarden, Eulen. Sie geraten oft mit einem Flügel, mit dem Schnabel, mit den Füßen an einen zweiten Draht und lösen so einen Kurzschluss aus. Sie stürzen betäubt, versengt, verkohlt, zerfetzt zu Boden

2 Nur neue Leitungen haben Schutzeinrichtungen. Deshalb müssen weiterhin viele Vögel sterben. Ein Austausch der alten Leitungen ist zu teuer, nur wenige Menschen setzen sich für die Vögel ein, zu selten wird auf die Verantwortlichen Druck ausgeübt. Dabei ist zu bedenken, dass durch Vögel, die in Hochspannungsleitungen geraten, Betriebsschäden, Zugverspätungen sowie Unfälle ausgelöst werden können. Kürzlich ist eine Bahnstrecke stundenlang lahmgelegt worden. Leitungen sind herabgefallen, ein Zug musste anhalten, der Strom musste abgeschaltet werden und Reparaturarbeiten waren notwendig.

Seite 35

1 a) Tina liest gern Liebesromane, aber auch Krimis. / b) Sie mag sehr süße, jedoch auch bittere Getränke. / c) Wir wollen bei gutem, aber auch bei schlechtem Wetter Rad fahren. / d) Wir haben sonnige, doch auch kalte Ferientage erlebt. / e) Versprich mir, den Briefkasten zu leeren, jedoch nicht die Blumen zu gießen. / f) Wir sind völlig erschöpft, aber glücklich nach Hause gekommen.

2 a) Der März kann in einem Jahr warm und feucht sein, aber in einem anderen trocken und kalt. / b) Für die Party brauchen wir noch Getränke, was zum Knabbern, doch nichts Salziges. / c) Er hat ihr nicht nur Geburtstagsgrüße, sondern auch ein kleines Geschenk sowie Blumen geschickt. / d) In das Rätsel passen Wörter mit den Anfangsbuchstaben *l*, *m* und *n*, jedoch nicht mit den Anfangsbuchstaben *r* oder *s*. / e) Die Lösung hat etwas zu tun mit Sport, jedoch gar nichts mit Ballspielarten. / f) Ben kann sich um den Spielplan des Turniers oder die Betreuung der Gäste, aber nicht auch noch um die Unterbringung der Teilnehmer und deren Bewirtung kümmern

Seite 36

1 **Sandra, Giovanni und der Esel** Sandra hat in den Ferien in Italien Giovanni kennen gelernt, und einen Esel gab es dort auch. Dort wollte sie einmal auf dem Esel reiten, und auf Giovanni war es dabei angekommen, dass das überhaupt möglich war. Sie setzte sich also auf den Rücken dieses kleinen Ungeheuers, und auf Giovanni hatte sie sich total verlassen, dass der nun das Tier antrieb. Der aber schaute nur zu und zeigte ein breites Lachen, und ein Antreiben schien ganz und gar nicht seine Sache zu sein. Er stand einfach nur da und tat erst einmal so gut wie gar nichts, und sehr viel konnte Sandra auch nicht tun. Er sei nun mal Giovanni, und ein Esel sei im Allgemeinen ein störrisches Tier, sagte er. Man müsse dem Tier nur ein kleines Stück Zucker geben und einen Klaps, und die Beine es Tieres würden sich dann wie von alleine bewegen. Nun gut! Sandra nahm aus Giovannis Händen das Zuckerstück, und den Klaps gab sie dem Esel selbst. Aber der blieb stehen, schnaubte, und er rannte durchaus nicht los. Er wollte sich nicht bewegen, und fast totlachen wollte sich Giovanni darüber. Doch dann pfiff der Junge, und mit Gerappel rannte die Bestie los. Sandra machte auf dem rumpelnden Rücken des Tieres sicherlich nicht gerade eine glänzende Figur, und einen Esel beim Laufen anzuhalten, das ist fast so schwierig, wie ihn in Gang zu bringen. Kurzum, sie kriegte die Wut, und kein Lächeln der Welt würde sie jemals wieder auf einen so blöden, bockigen Esel setzen können.

2 Trotzdem: Auf diese Weise hatte sie sich mit einem lustigen Typen angefreundet, und mit dem Esel hat sie sich nicht mehr eingelassen. Daraus wurde eine richtige Ferienliebe zwischen Sandra und Giovanni, und dem biestigen Esel schenkte sie nie mehr die geringste Aufmerksamkeit.

Seite 37

1 **Gefahren für Wetterfühlige** Als wetterfühlig gelten über 30 Millionen Menschen, die in Deutschland leben, und diese sind besonders geplagt. Viele der Geplagten nehmen regelmäßig Mittel, mit denen sie über diesen Zustand hinwegzukommen versuchen, oder greifen doch hin und wieder zu ihnen. Am deutlichsten reagieren die Menschen auf Wetterveränderungen, wenn ein Tief heranzieht, und leiden dann darunter. Besonders in den Großstädten brauen sich manchmal Smog-Wolken zusammen, wenn die Luftbewegung zum Stillstand kommt, und führen dann zu unangenehmen Reaktionen. Das kann psychische Probleme auslösen, die einen erheblich plagen, oder zu weiteren gesundheitlichen Beschwerden führen. Kopfschmerzen können ausgelöst warden, wenn ein Tief wieder abzieht, und es treten dann sogar vermehrt Fälle von Herzinfarkt auf. Die Ratschläge der Ärzte bestehen darin, dass Wetterfühlige sich bei solchen extremen Wetterlagen in den Wohnungen aufhalten sollten, und sie sollten möglichst nicht rauchen. Ebenso wichtig ist das Vermeiden jeder Situation, die sie in Stress bringt, und jeder übermäßigen körperlichen Belastung.

(Fortsetzung der Lösungen auf Seite 5)

Wörterliste

angst/Angst
mir wird Angst,
ich habe Angst, das
macht mir Angst

besten/Besten
am besten, die Beste,
ihr Bestes

Blackout, Black-out

Callcenter
Cappuccino
Caravan
Carsharing, Car-Sharing
Cartoon
Casting
Castingshow, Casting-Show
Chamäleon
Champagner
Chaos
Charakter
Charme
Chef
Chic
Chor
Christ
Chrom
Chronik
Comeback, Come-back
Container
Couchpotato, Couch-Potato
Countdown, Count-down
Cousin

deutsch/Deutsch
er spricht deutsch/Deutsch,
er spricht gut deutsch,
er spricht ein gutes Deutsch

direkt
Dreamteam, Dream-Team

Enzym
Extrakt
extrem

Feedback, Feed-back,
Folie

Granulat
Gratulation

Jobcenter, Job-Center

Kantine
Kassette
Keyboard
Kiosk
Klinik
Knockout, Knock-out
Komplikation
Konkurrenz
Kontakt
Kredit
Kusine

meisten/Meisten
die meisten/Meisten,
die meiste Zeit, am meisten

Mikroorganismen

Operation

perfekt
Playback, Play-back

recht/Recht
im Recht sein, Recht/recht
haben, das ist nicht recht

Resultat

rot/Rot
ein leuchtendes Rot,
sie leuchtet rot,
sie schaltet auf Rot

schuld/Schuld
schuld sein, Schuld
haben, seine Schuld

selektieren
Shaker
Shampoo
Sheriff
Shirt
Shoppingcenter,
Shopping-Center
Show
Showdown, Show-down
spektakulär
Standby, Stand-by
Substanz

Takeaway, Take-away

wichtig/Wichtig
das Wichtigste,
am wichtigsten,
wichtig nehmen

2 Auf diese Weise kann Wetterfühligkeit gemildert werden, sofern man davon betroffen ist, oder gar völlig beherrscht werden. Die Wetterberichte geben heute schon oftmals Hinweise, die sich an Wetterfühlige richten, und machen damit eine Art Vorsorge möglich.

Seite 38
1 a) Weil du dir die Hand gebrochen hast, musstest du ins Krankenhaus. / b) Obwohl ich eigentlich keine Zeit hatte, wollte ich dich besuchen. / c) Nachdem ich dein Krankenzimmer endlich gefunden hatte, klopfte ich an. / d) Als ich eintrat, warst du aber nicht da. / e) Wie ich aus dem Fenster sah, bemerkte ich dich unten im Garten. / f) Bevor du mich entdecken konntest, war ich schon unten bei dir.
2 a) Als ich auf dich *zukam, drehtest* du mir den Rücken zu. / b) Nachdem ich mich *angeschlichen hatte, hielt* ich dir von hinten die Augen zu. / c) Da du mich nicht gleich *erkennen solltest, flüsterte* ich mit dir. / d) Dass du aber gleich meinen Namen *nennen würdest, hätte* ich nicht gedacht. / e) Wenn man sich mal einen Spaß *erlaubt, muss* es der andere denn gleich merken? / f) Wenn du erst ein wenig *geraten hättest, wäre* ich nicht erstaunt gewesen. / g) Doch wenn man jemanden *liebt, kennt* man eben auch seine Flüsterstimme.

Seite 39
1 Wie findest du, dass ich für ein Jahr nach England gehe? / Ich finde gar nicht gut, dass ich dich dann für ein Jahr nicht sehen soll. / Wie würde es dir gefallen, dass du mich dort mal besuchen kannst? / Ich bezweifele, dass du dich dort wohlfühlen wirst. / Natürlich glaube ich, dass es mir dort gut gefallen wird. / Ich befürchte, dass du nach acht Tagen Heimweh bekommen wirst. / Ich hoffe doch sehr, dass du mir jede Woche schreiben wirst. / Nein, eher denke ich, dass ich dich jeden Tag anrufen werde. / Ich finde es auch besser, dass wir miteinander reden können.

Seite 40
1 Er hatte die Hoffnung, dass sie doch noch kommen würde / Er war der festen Überzeugung, dass sie ihn vergessen habe. / Er hatte die Befürchtung, dass sie ihn belogen haben könnte. / Sie machte ihm die Mitteilung, dass sie nächste Woche kommen könnte. / Er hatte die Vermutung, dass das eine Ausrede sei. / Deswegen fasste er den Entschluss, dass er zu ihr fahren sollte. / Dort sprach er die Drohung aus, dass er sie verlassen würde. / Sie hatte das Gefühl, dass er das nicht ernst meinte. / Am Ende kamen beide zur Einsicht, dass sie sich wieder vertragen sollten.

Seite 41
1 bis 3: Elefanten und Nashörner – Opfer von Wilderern Zu Tausenden werden in Afrika jedes Jahr Elefanten und Nashörner gefunden, die Opfer von Wilderern geworden sind. Ihre Stoßzähne und Hörner sind der Grund, der zu ihrem sinnlosen Töten führt. Das Horn von Nashörnern, das auf dem Schwarzmarkt in Vietnam für 50000 Dollar gehandelt wird, wird in diesem Land in Pulverform als Wundermittel gegen alle möglichen Erkrankungen verkauft. Elfenbein dagegen ist z.B. in China ein Statussymbol, das dem Besitzer Ansehen verschaffen soll. Tierschützer sprechen beim massenhaften Abschlachten von Elefanten und Nashörnern sogar vom größten Massensterben, welches es nach dem Aussterben der Dinosaurier gegeben hat. Viele afrikanische Länder setzen daher zum Schutz der Tiere Wildhüter ein, die jedoch gegen die skrupellosen Schlächter wenig ausrichten können. Die Gebiete, die von ihnen kontrolliert werden müssen, sind einfach zu groß.
4 Modernes Material wie Funk- und Nachtsichtgeräte, das bei der Überwachung helfen könnte, ist oft nicht vorhanden. Das Überleben der beiden Tierarten erfordert dringend eine Reaktion, welche international und nicht nur national sein muss.

Seite 42
Karnivoren: fleischfressende Pflanzen
1 (1 a) Während die meisten Pflanzen die lebenswichtigen Mineralstoffe über ihre Wurzeln aus der Erde gewinnen, ernähren sich fleischfressende Pflanzen von tierischem Eiweiß. (2 a) Weil sie an nährstoffarmen Standorten wie Felsen und Mooren wachsen, sind sie auf besondere Nahrungsquellen angewiesen. (3 b) Manche Karnivoren fangen Insekten auf ihren klebrigen Blättern, während andere sie in eine Art Röhre mit wachsartigem Rand in die Falle locken. (4 b) Wieder andere besitzen Fangarme, die ein Insekt umschließen. (5 c) Zu den Karnivoren, die noch in unseren Gegenden wachsen, gehört der Sonnentau. (6 b) Diese Pflanze besitzt löffelförmige Blätter, die mit roten Fangarmen besetzt sind. (7 a) Wenn sich eine Fliege auf einem Sonnentaublatt niedergelassen hat, wird sie von den klebrigen Fangarmen umschlossen und regelrecht festgeleimt. (8 a) Da sich die Fliege auf ihrem klebrigen Untergrund heftig bewegt, verfängt sie sich immer mehr in den Fangarmen des Sonnentaus. (9 b) Der gefangene Leckerbissen wird dann so von dem Blatt verhüllt, dass er für hungrige Vögel unsichtbar ist. (10 b) Verdauungssäfte umspülen das Insekt, sodass sich sein Inneres allmählich auflöst. (11 c) Die Fangarme richten sich, nachdem die tierischen Nahrungsstoffe über das Blatt der Pflanze zugeführt worden sind, wieder auf. (12 b) Sie geben den ausgehöhlten Panzer des Insekts frei, der dann vom Wind davongeblasen wird.

Seite 43
1 a) Sie bereitete sich gut vor, um morgen ihre Aufgaben erfüllen zu können. / b) Sie hatte sich vorgenommen(,) in dem Test gut abzuschneiden. / c) Mit ihrer Freundin hatte sie lieber geübt, als mit ihr Tennis zu spielen. / d) Außer ein paar Äpfel zu essen, blieben die beiden bei ihren Vorbereitungen. / e) Sie ließen sich, um zu üben, durch nichts abhalten. / f) Doch dann kam doch einer, um sie zu stören. / g) Der hatte sich offenbar vorgenommen(,) ihre Arbeit zu unterbrechen. / h) Der Kater Felix strich, um auf sich aufmerksam zu machen, ständig um ihre Beine. / i) Ohne die Arbeit der beiden zu respektieren, machte er sich an sie heran. / j) Da mussten die beiden, anstatt ihrer Arbeit nachzugehen, mit ihm spielen. / k) Sie nahmen sich vor(,) ihre Arbeit zu unterbrechen.
2 a) Ich riet ihm, nicht die Treppe zu benutzen. Ich riet ihm nicht, die Treppe zu benutzen. / b) Sie versprach, ihrem Freund einen Brief zu schreiben. Sie versprach ihrem Freund, einen Brief zu schreiben. / c) Probiere, nicht die Augen beim Tauchen zu öffnen. Probiere nicht, die Augen beim Tauchen zu öffnen.

Seite 44
1 bis 3 Ein Mann kauft einen Papagei. „Kann er auch sprechen?“, will der Mann wissen. Der Verkäufer beteuert: „Natürlich!“ Zu Hause versucht es der Mann aber lange vergebens. „Hallo, hallo!“, ruft er dem Papagei immer wieder zu. Der hört sich das eine Zeit lang an, bis es ihm zu bunt wird. Dann krächzt er: „Sie haben sich verwählt!“
4 Das Telefon läutet. Der Hund hebt ab und meldet sich: „Wau!“ „Bitte?“, fragt die Stimme am anderen Ende der Leitung. „Wau!“, wiederholt der Hund etwas lauter. „Wer ist dort?“, ruft die Stimme. „Wau mit W wie Wilhelm“, sagt der Hund, „mit A wie Anton und mit U wie Ulrich.“

Seite 45
1 bis 3 John und Eliza John trifft Eliza in der Stadt. „Was sehe ich“, sagt er, „du isst einen Hamburger?“ „Den habe ich mir eben“, sagt sie, „hier am Kiosk gekauft.“ „Das wundert mich aber doch sehr“, sagt er, „denn andere warnst du vor Hamburgern und du ziehst dir selbst einen rein.“ John gebärdet sich, als habe er Eliza bei einer Untat ertappt.
4 „Nicht zu fassen!“, stöhnt er. „Aber das ist“, lacht Eliza, „ein vegetarischer Hamburger!“ John schüttelt den Kopf. „Na, dann ist´s ja gut“, sagt er, „ich dachte schon...“ „Was?“, fragt sie. „Dass du ...“, fängt er an. Aber er spricht nicht weiter. „Tschüss!“, ruft er – und geht weiter.